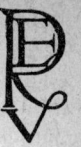

Zu diesem Buch

Peter Rühmkorf hat aus seiner Skepsis gegen romantisierende Aufblicke zum Mond und gegen elegische geschmäcklerische Anbetung Blauer Blumen die Konsequenz gezogen und ist den Wahrheiten des vom landläufigen Kulturbetrieb stets ignorierten poetischen Volksvermögens nachgegangen.

Hier geht es drastisch zu, hier gelten keine heiligen Güter der Nation und keine approbierten Wertnotierungen der etablierten Konvention. Ungeschminkt und derbdrollig ist hier von der Menschenerzeugung die Rede und ähnlich unverblümt werden die landeseigenen Autoritäten besungen.

Das Ergebnis seiner Arbeit ist eine umfassende Dokumentation der sonst nur von Mund zu Mund verbreiteten Volks- und Kinderpoesie — vom Abzählvers über den Schulreim bis zum Antischlager und zum subversiven Gruppengesang. Die Vielfalt der deftigen und treffenden Freimütigkeiten präsentiert das Bild einer scheinbar ungewaschenen und unansehnlichen Literaturgattung, die stets zu Majestätsbeleidigung, Denkmalsschändung, Wehrkraftzersetzung, Hosen-, Bett- und Nestbeschmutzung aufgelegt ist — ein Lügendetektor gegen die Kundmachungen der Herrschenden und den geübten Wohllaut ihrer Unterhaltungs- und Werbeindustrie.

Peter Rühmkorf, am 25. Oktober 1929 in Dortmund geboren, studierte 1951 bis 1958 Pädagogik, Germanistik und Psychologie in Hamburg. Seit 1958 arbeitet er als Verlagslektor. 1964/65 hält er sich mit einem Stipendium in Rom auf. Im Herbst 1966 nimmt er an der Veranstaltungsreihe «Ein Gedicht und sein Autor» des Literarischen Colloquiums Berlin teil. Lebt in Hamburg.

Eigene Arbeiten: «Irdisches Vergnügen in g» (1958), «Kunststücke» (1962), «Wolfgang Borchert» (1961; rowohlts monographien Bd. 58); Schallplatte «Lyrik und Jazz» (Philipps/twen Bestell-Nr. 681556); «Was heißt hier Volsinii? Bewegte Szenen aus dem klassischen Wirtschaftsleben»; Editionen: «Primanerlyrik — Primanerprosa» (1965; rororo Nr. 795), Wolfgang Borchert: «Die traurigen Geranien» (1967); Friedrich Gottlieb Klopstock: «Gedichte», S. Fischer Verlag (1969).

Peter Rühmkorf

Über das Volksvermögen

Exkurse
in den literarischen
Untergrund

Rowohlt

Die vorliegende Taschenbuchausgabe ist gegenüber der Buchausgabe um die Teile «Primanerlyrik, ein Vorwort» und «Bengta Bischoff oder Die befangene Unschuld» gekürzt
Umschlagentwurf Werner Rebhuhn

1.–25. Tausend Juli 1969
26.–35. Tausend Oktober 1969
36.–50. Tausend Februar 1970

Veröffentlicht im Rowohlt Taschenbuch Verlag GmbH,
Reinbek bei Hamburg, Juli 1969
© Rowohlt Verlag GmbH, Reinbek bei Hamburg, 1967
Gesetzt aus der Linotype-Aldus-Buchschrift
und der Palatino (D. Stempel AG)
Gesamtherstellung Clausen & Bosse, Leck/Schleswig
Printed in Germany
ISBN 3 499 11180 2

I Wurmstich und Wahrheit

A. Über Oldtimer

Wie das Bewußtsein, wo es der zivilisierten Menschheit über den Kopf wächst, gelegentlich sein Heil in der Flucht sucht, und wie der Zweifel in die Gunst des Fortschrittes mit einer besonderen Neigung zum Unerweckten und Unentwickelten sich paart, so scheint auch eine neuerliche Vorliebe für die primitive, die einfältige, naive Kunstäußerung eher der Sorge entsprungen als dem Gefühl der ungetrübten Teilhabe. Ganz offensichtlich ist es der zugespitzte Wunsch nach Anteilnahme, der sich hier das Glück einer zumindest voyierenden Beteiligung verschafft. Ein gegen den Uhrzeigersinn gerichtetes Zusammenhangsbedürfnis tritt für das gestörte Vergnügen ein des unvermittelten Dabeiseins. Und nur zu gern erinnert sich frei gesetzte Empfindsamkeit beim Anblick elektronisch belehrter Schulkinder und maschinell genudelter Weihnachtsgänse an irgendwelche frühen Tage eines vergleichsweise rohen, vergleichsweise frommen, vergleichsweise natürlichen und ächten Einvernehmens. Natur und alles, was nach einigen Jahrzehnten Abstand und Lagerung dafür gehalten wird, erfreut sich des besonderen Zulaufs von Aufgestörten immer dann, wenn die Kulturperson erkannt zu haben glaubt, was sie von ihren eingeborenen Interessen trennt; nicht aber das Bewußtsein so weit auf der Höhe ist, die schlichte Täuschung, die Verwechslung von Natur und Alter, von Echtheit und Wahrheit frei zu überschauen.

Das ist an sich weder schlecht noch gut, noch neu. Es hat ja immer wieder solche Zeiten gegeben, die es mit Macht ins Rückentlegene zog. Das achtzehnte Jahrhundert malte sich nicht nur das alte Pastorale in neuen Farben, belebte nicht nur den Kult der Ruine beispiellos, es war in seinem ungehemmten Verlangen nach Alterthum so blind, selbst die Ossianische Lüge für eine bare Hoffnung zu nehmen. Das frühe neunzehnte dann, nicht schlichter, nicht geringer, wollte wahrhaftig und bei lebendigem Leibe in jenen Jungbrunnen hinein, der Vergangenheit hieß; und weil es sein wollte *wie* das alte Volk, die alte Einfalt, die alten Kinder, die alten Unschuldsvögel, redete es mit angenommenen Zungen, und noch aus den Falsifikaten und mutwilligen Ergänzungen des «Wunderhorn» spricht das Verlangen seiner Unternehmer, die Unterschiede aufgehoben zu wissen zwischen ihnen, die sammelten und dem, was einstmals so unbefangen sang. Freilich, für Unmutsäußerungen hier oder dort scheint uns kein Anlaß; und das müßte schon eine arg prosaische Seele sein (entschlossen, die Poesie von ihrer Wurzel her zu exorzieren), wer solche romantischen Rückzüge als reaktionär verdammen wollte.

Wenn ich von meinen Entschuldigungen dennoch die Altgier unseres laufenden Dezenniums ausnehmen möchte, so nicht eigentlich wegen der fast demokratisch zu nennenden Organisation einer großen Rückzugsbewegung. Originalbarockkonzerte, stilecht dargeboten mit Pommer, Zink und Krummhorn – zunächst einmal: warum nicht? Ikonen jetzt auch über Versandhauskataloge dem öffentlichen Interesse nähergebracht –, das könnte vielleicht sogar auf eine Aufweichung alt eingefleischter Privilegien schließen lassen. Der Ansturm fortgeschrittener Jugend auf die Trichtergrammophone, Drehorgeln und Autoveteranen der Vorzeit – welch vergleichsweise harmloses Kompensationsbedürfnis angesichts herrschender und das Blickfeld bestimmender Stromlinien. Selbst die Nadelgeräusche der Zwanzigerjahre noch eine ästhetische Sensation für Nachgeborene – was sollte man gegen so verfeinerte Reizbarkeit einwenden, denn: daß es sich hier offensichtlich um die Sensibilisierung breiterer Schichten handelt und nicht nur um eine kleine Geschmackselite, will auf den ersten Blick auch nicht gerade als Nachteil anmuten. Trotzdem scheint unbedachter Zuspruch voreilig. Die Altwaren, die da geliefert werden, haben ein Vorspiel und einen Hintergrund. Und die etwas tiefer angesetzte Frage nach der Ware hinter der Ware, führt uns denn auch bald auf ein Gelände, wo wir den Verbraucher nicht mehr mit seinen scheinbar frei gewählten Vorlieben allein sehen.

Was ich meine, ist etwa Folgendes: wenn jemals eine romantische Mode reaktionär genannt werden konnte – und das sowohl von den Erwartungen ihrer Abnehmer her als von den Berechnungen ihrer stillen Teilhaber, sowohl im Hinblick auf die Interessen der Zulieferer als auch in Anbetracht ihrer passiven Tonabnehmer – dann diese wahrhaft zeitgemäße, die, wo wir sie auch packen, nur immer wieder auf den Modus verweist, den der gute Geschmack mit dem schlechten Gewissen ausgehandelt hat. Da sehen wir ein Zeitalter, das das technische geheißen wird, und das nicht weit davon entfernt ist, sich selbst das goldene zu nennen, wie gebannt auf die Zeugnisse einer früheren Geborgenheit starren, wohl weil es eigene Sicherheiten nicht zu entwickeln fähig war. Oder es ist der immer noch virulente Geschichtskater, der hier auf schöne Alterthümer reflektiert wie auf ein Stück bewältigter Vergangenheit. Da sehen wir die Unlust an Veränderung sich in der Lust am Alten, Unveränderlichen verklären. Oder es ist das schlechthin grund- und bodenlose Sicher-ist-Sicher, das nun im Bewußtsein krisenfester Ewigkeitswerte zur letzten Ruhe findet. Da sehen wir einerseits das jeweils Neueste backwarm und lackfrisch in die Kunstgeschichte eingehen; denn auch dies zählt zweifelsohne zu den Wesensmerkmalen einer Stillhaltegesellschaft, daß sie sich allenthalben bemüht zeigt, Bewegung in Besitz zu überführen, Kulturbesitz; zum andern aber, als wollte sie ein J.-W. v.-Goethe-Wort bis zu seiner restlosen Auflösung einlösen, stürzt sich – erwirb es, um es zu besitzen – die zu schöner Freiheit aufgerufene, mehr und mehr sich veredelnde Kaufkraft aufs Vatererbe, so gleichermaßen dokumentierend, was edle Zweckfreiheit heißt und was Erwerbssinn und was das eine in dem andern.

In den höheren Rängen der Kulturideologie tritt, was eine Gesellschaftsform bestätigt und ihrer Konservierung moralischen Vorschub leistet, nie eigentlich nackt hervor. Dafür breitet sich eine Dunstzone vor uns aus, in der die roheren Anliegen sich sanft verhüllen und wo aus groben Interessen einerseits und hohem Wollen zum andern sich jene harmonischen Mittelwerte zurechtregeln, die einer zivilisierten Gesellschaft zum Maßstab einer standesgemäßen Inneneinrichtung dienen. Besagte höhere Werte – wie nieder sie gelegentlich hängen mögen – sind oft stabiler als markige Augenblicksparolen und aus der Stunde geborene *Ansprachen an mein Volk*. Sie sind das Ergebnis langfristig ausgehandelter Übereinkünfte, osmotischer Prozesse wie sie statthaben zwischen den schwebenden Vorurteilen der Volksseele und dem immer strebenden Bemühen der Verklärungsindustrie, und weil das eine fort laufend im anderen sich erkennen will und eins am andern sich bestätigt und orientiert, läßt sich auch über Verantwortlich-, gar Schuldigkeiten so schwer befinden. Unsinnig, zum Beispiel, anzunehmen, es wären die Veredelungsbetriebe allein, die über den Kopf der allgemeinen Anliegen hinweg die höheren Werte bestimmten, so etwas gibt es ganz entschieden nicht. Oder es wären die Gesellschaftsinhaber höchstpersönlich, mit festen Zielabsprachen, die in die feinere Bewußtseinspolitik eingriffen. Auch solche Annahme verharmlost den Ideologisierungsprozeß zu einem Vorgang leicht durchschaubarer Eindeutigkeit. Was es aber gibt, und was bei aller Unverantwortlichkeit doch für die miserablen Verhältnisse im Oberstübchen des Gesellschaftsgebäudes verantwortlich zu machen ist, das ist jene Mittlerschicht aus Interessenveredlern und Programmgestaltern, Reproduktionsbefugten und Entrückungstechnikern, Geschmacksbildnern und Vervielfältigungsgenies, Niveauhebern und Absatzwendern, Kulturkreisstrategen und Genußmittelprüfern, die aus ideologischem Rohmaterial den feinen Zeitgeist destillieren, der – nach gusto – verklärte Gegenwart oder besonnte Vergangenheit heißt.

Damit ist nicht gesagt, daß eine pp pluralistische Gesellschaft nicht auch in der Konsumsparte «Vergangenheit» ihre probateste Entschuldigung geltend machen könnte: Interessengliederung. So sind zum Beispiel Neuauflagen von Zinntellern Louisseize-Chronometern oder Kutschwagenlaternen gewiß nicht jedermanns Sache. Sicher für ganz unterschiedliche Geschmacksgruppen und Bildungsvoraussetzungen werden von Decca die alten Kameraden wieder in Marsch gesetzt, von Polydor die Zwanzigerjahre neu vergoldet, von Ehrenwirth Dienstmädchenlieder und Moritaten aus der Mottenkiste geholt, von Krüss und Biederstein die alten Hirtenflöten frisch gestimmt. Und offensichtlich sind es nicht die gleichen Vorurteile, die atlas film einerseits mit Buster Keatons «General», andrerseits mit Veit Harlans «Colberg» aus der Reserve lockt. Trotzdem verbindet die unterschiedlichen Verbraucher nicht nur die gruppenmäßige Erfaßbarkeit scheinbar frei gewählter Vorlieben, nicht nur die Abhängigkeit von technischen Reproduktionsmitteln allgemein, sondern das ohnmächtige Ausgeliefertsein gegenüber einer allwaltenden Verklärungsmaschinerie. Die Absicht, seiner eignen Zeit den Rücken zu kehren und einer anderen, vergangenen sich anzuvertrauen, mag sie, für sich genommen, noch einen Hauch von Mißvergnügen erkennen lassen, eine mit Maßen kritische Einstellung gegenüber den gegebenen Verhältnissen; unter der Hand der geschmackssicheren Verklärungsmanager glätten sich dann die Wogen, verzieht sich das Gewölk, und unversehens sieht sich das Mißvergnügen an der Zeit in behagliche Zeitlosigkeit überführt.

Es ist vielleicht nicht ganz unnütz, anzumerken, daß kulturgeschichtliche Rückkopplungen (wie zum Beispiel die Renaissance sich ins klassische Altertum vertiefte; die Deutschromantik die Welt des Mittelalters wieder heraufrief; oder – auch das ist nicht ganz aus der Richtung – wie Gründergeist sein sentimentales Verhältnis zur Gotik in Zement ausdrückte) schon immer einen Hauptplatz im ideologischen Wertgefüge der Epochen eingenommen haben. Die Botschaft, die ein Zeitalter einem vergangenen, ihm vorausgegangenen entnimmt, muß freilich nicht unbedingt auch «Vergangenheit» heißen. Aus der bloßen Tatsache von Rückverweisen läßt sich noch lange nicht auf reaktionäre Denkmomente und Tendenzen schließen. Und selbst bei der viel verlästerten, leicht zu verlästernden Zeitflucht steht immer noch die Frage offen, ob etwas reaktionär Geheißenes nicht möglicherweise produktiver, weiter führend und für die Sache der schönen Künste ergiebiger war als ein ins Blaue projiziertes Ethos der Fortschrittlichkeit. Ich möchte aber doch glauben, daß solche feinen Vorbehalte gerade in unserm Fall kein Rettungsanker mehr sind.

Nehmen wir das anstehende Bedürfnis nach Vergangenheit allgemein und die auf vollen Touren laufende Geisterbeschwörung im ganzen – gleich, ob sie uns alte Bilder, Bücher, Filme, Vasen, Stimmen und Kostüme als Reproduktion anliefert oder im Original beschert –, dann läßt sich unschwer feststellen, daß dieser Versorgungsbetrieb mit Produktion nur noch wenig zu tun hat. Womit wir das reaktionäre Syndrom bereits bei einer seiner empfindlich faulen Wurzeln gepackt hätten. Wenn wir aber gleich noch den Schritt weitergehen, zu fragen, welchen Erwartungen die Antiquität oder ihr Faksimile eigentlich entsprechen, dem Wunsch nach Anstoß oder dem Bedürfnis nach Rückversicherung, dann sehen wir sie endgültig im Dienste eines Ruhestandsbewußtseins. Schließlich ist sie ja auch nicht nur ein Spiegel. Nicht nur der symbolische oder vielleicht allegorische Ausdruck von einmal eingefahrenen Verhältnissen. Als ideologisches Sedativ gehört sie genauso zu den wirksamen Stabilisierungsfaktoren des gesellschaftlichen Überbaues wie meinetwegen Schlagerexotik, Heimatromane, Historienfilme, Comic Strips oder Gegenstandslosekunst, und was sie von den übrigen Verklärungsinstanzen trennt, ist gar nicht so sehr die vermittelte Botschaft selbst als deren Aggregatzustand. Während der zeitgenössische Schlager sein Evangelium vom guten Alten oder von der schönen Ferne ganz unverhohlen austrägt, und der Historienfilm seine Liebhaber unumwunden zur Identifikation mit Vergangenem herausfordert, spricht in der Antiquität die Aura der Vergangenheit gewissermaßen für sich selbst. Und doch eben nur gewissermaßen. In ihr darf sich Entrückungslust erkennen, ohne als solche sich bekennen zu müssen. In ihr bespiegelt sich das Selbstgefühl einer soziologisch abweichenden Gruppe, der nichts so platt erscheinen will wie das stumpfe Ja zu den gegebenen Verhältnissen, nichts so gefährlich wie die Lenkbarkeit des grauen Durchschnitts, nichts so gemein wie die allgemeine Konformität der Lebensinhalte und Glaubensbekenntnisse, die aber auf die Frage nach konkreten Abweichungswerten doch lieber mit einer Geschmacksalternative antworten möchte als mit Grundlagenkritik.

Wo der Schlager endet und mit ihm des Tages schlichtere Qual, die im verklärten «Es war einmal» nach einem gütlichen Ausgang sucht, beginnt das Reich der höheren Entrückungen. Erhaben, das heißt wie wahrhafte Potentaten aufgemöbelt und insofern doch auch wieder dem eigenen Wert sehr nah, bewegen sich die Gesellschaftsinhaber vor einem Hintergrunde aus Barock, Empire und Rokoko, so wenigstens im privaten Rahmen klar bezeugend, welche Mächte sich in ihnen repräsentieren, und in welchen Zusammenhängen sie gesehen werden wollen. Es folgen mit Abstand und weniger stilrein, aber immer noch gut bei Kasse, die großen Stars der Leinwand oder der Bühne, die bedeutenden Modeschöpfer, erfolgreichen Auktionatoren, erstklassigen Architekten, Großverleger, Generalintendanten, Werbeleiter, der ganze gehobene Kulturhandel, wenn man so will, mit ebenfalls einem brennenden Bedürfnis nach Vertiefung von aktueller Reputation. Und irgendwo unten fügen auch wir uns dann an, eine Schicht sensibler und, wie wir meinen, ernstzunehmender Habenichtse, die sich aus skurrilen Wertlosigkeiten und allerlei der Zeit entrücktem Brimborium einen eignen Gegenstandard konstituiert. Aber was heißt in diesen Zusammenhängen überhaupt noch «oben» oder «unten»? Wenn es nämlich jemals eine zahlenmäßig gar nicht so geringe Gruppe gegeben hat, mit Gütern nicht übermäßig gesegnet, aber fähig, die Grenzen ihres Sparstrumpfes um mindestens zwei Klassen zu überspringen und einer zu erwartenden Kleinbürgerkultur den Stil einer wirklichen Geschmackselite entgegenzusetzen, dann sind es doch wir! Wie schwindet da auch alles hin, was sich früher einmal in die engen Schranken einer soziologisch, banal-soziologisch bestimmten Nomenklatur gefügt haben mag vor dieser schlechthin klassenlosen Sensibilität der Nerven und der Nasen?! Welche Autonomie der Vorlieben und Zuneigungen (und das besonders im Hinblick auf das großkotzige Statusstreben von ahnungslosen Nabobs) bezeugt sich nicht allein in unserer liebevollen Hinwendung zum marktläufig Geringgeschätzten, scheinbar Niedrigen und drollig Unvollkommenen. Und es ist schon kein Zufall, wenn die Vergangenheit uns nirgends so tief verzaubert, als wenn sie im Imperfekt spricht.

Ob wir mit unseren singulären Interessen – auch einem Hang zum Zwittrigen und Verschrobenen – dann allerdings wirklich so allein dastehen, ist noch die Frage. Gerade in diesem Augenblick, wo ich mir die Besonderheiten unseres ausgefallenen Geschmacks noch einmal zu vergegenwärtigen suche, und die Kluft, die uns vom grober organisierten Durchschnitt trennt, kommt mir ein Wink aus der Wirtschaft zu, genauer aus der Werbung, der mir doch einige Skrupel hinsichtlich unserer hohen Selbsteinschätzung verursacht. Wie auf eine geheime und allgemeine Absprache hin, blüht uns, floral und ornamental, plötzlich ein zweiter Jugendstilfrühling aus den Inseratenteilen unserer illustrierten Zeitschriften entgegen. Als ob von unseren langjährig ungeteilten Neigungen nun auch diese endgültig zum populären Verständigungsmittel geworden wäre, sehen wir grün bewegte Schriftgewinde aus Behrens-Antiqua, Ehmke-Kursiv oder Eckmann-Werweißwas im ganz großen Reklameeinsatz. Und: gar nicht so sehr die Vehemenz der Popularisierung ist es, die mich ein wenig bestürzt, sondern die Entlarvung eines exklusiven Faibles als eines Vorurteils unter anderen. Guter Geschmack, so zeigt sich plötzlich, schützt nicht unbedingt schon vor falschem Bewußtsein; und was zu Tage tritt (gerade hier, wo Backappeal und Prestigekonsum sich so offen nahekommen) ist ein fast kopf-, kritik- und bewußtlos erlebter Wertzusammenhang von Antiquität und Exklusivität.

Das Versprechen der Exklusivität und die antiquitäre Wertvorstellung bilden sozusagen eine Reizeinheit, bei der jeweils ein Moment genügt, die Empfindung der anderen Qualität mit hervorzurufen. Wo immer Werbung uns die Illusion eines Vorzugsangebots vorspiegeln möchte, braucht es nur eines Bildes von einigem Vergangenheitsair, uns augenblicklich gefangenzunehmen. Wo wir selber uns zeitentrückt und weltverloren in die Wurmstiche eines alten Möbels versenken, genießen wir gleichzeitig das Vermögen, uns über die leeren Verhaltensschablonen einer Massengesellschaft ins Unnachahmliche zu erheben. Ja, so sehr hat die Evokationsmechanik sich bereits verselbständigt, daß ein Signal genügt, uns magisch zu entrücken. Daß der Vorgang als solcher dabei nicht viel Wunderbares hat, es sei denn für die Beteiligten, mag uns ein flüchtiger Blick auf den Pawlowschen Hund bestätigen. Im Reich der bedingten Reflexe stellen sich Zusammenhänge zwischen äußeren Signalen und inneren Bedürfnissen sogar vergleichsweise einfach her, das heißt nicht erst auf Grund langwieriger Dressurakte. Interessant nur, wie hier der Mensch ein primitives Reaktionsschema gleichsam vermenschlicht, gleichsam veredelt, gleichsam ins Höhere sublimiert, so daß man sich angesicht der feinen Zusammenhänge von individuellem Hochgefühl und dem Glockenton der Vergangenheit doch auch wieder nicht so gern an Hungergefühl und Futterglöckchen erinnert sieht.

Bedauerlich bleibt, daß Glöckchen oder Glocke nicht immer halten, was sie versprechen, dort die erhoffte Mahlzeit, hier das Avancement aufstrebender Kleinbürgerlichkeit zur Oberschicht. Das wird auf einen Schlag deutlich in den Prestige-Vorspiegelungen der Werbung. Selbstverständlich will die als Vorzugsartikel annoncierte Ware mitnichten einlösen, was sie dem Starkonsumenten verheißt: eine Art Privilegiertenstellung im kleinen Kreis von Eingeweihten. Der Appell an Exklusivgenüsse und Ausnahmefreuden arbeitet ausschließlich mit Wertvorstellungen, die es im Dutzend billiger gibt. Es wäre aber borniert und pharisäisch, noch leugnen zu wollen, daß die Klischees, an die die Wirtschaft sich wendet, längst in uns vorbereitet sind. Der ganze Wirkungszusammenhang von old fashioned und Elitengefühl mag letzten Endes wirtschaftlich nutzbar zu machen sein, sogar vertiefbar, ausweitbar, in besondere Bahnen lenkbar, eine Erfindung der Geschäftswelt und ein direkter Ausfluß des Wirtschaftslebens ist er nicht. Wir, höchstpersönlich, haben lange Jahre mitwirken helfen an einem Abweichungsmodell, das statt auf Gesellschaftskritik zu zielen die Erwartung gesellschaftlichen Prestiges implizierte. Darum ist es nur folgerichtig, wenn das System die vorgefertigte Vertrauensbasis in seinem Sinne nutzt; billig, wenn es uns unsere eigne Daseinslüge mundgerecht zurückserviert.

Man schelte mir also bitte die Werber nicht. Sie sind als Angestellte des Systems ohnehin sichtbar gezeichnet, und nur nackte Ahnungslosigkeit kann heute noch offenen Betrug für heimliche Verführung halten. Die eigentliche Heimlichkeitszone liegt vielmehr weit vor der Reklamewelt. Der Dunkelbereich, den es aufzuklären gilt und zu dessen

Entschleierung gelegentlich sogar die Werbung beitragen kann, weil sie verborgene Selbsttäuschungen zu öffentlichen macht, erstreckt sich bis in jene Tiefen der Persönlichkeit, wo logische Gedankenverknüpfungen und rationale Argumente nicht mehr zählen, sondern Identitätszauber herrscht. Immer noch geht der viel beschrienen Allmacht der Prospekte und Annoncen ein Animismus voraus, der sich vom Tischrücken mehr persönliche Erleuchtung erhofft als von einer kritischen Bilanz der Verhältnisse.

Daß Tischrücken auch seine materiellen Aspekte haben kann – gar wo es sich vielleicht um Stiltischchen handelt, die ihren Ort und ihren Besitzer wechseln –, ist allerdings ein weiterer Glaubensanker. Es bewegt sich ja wirklich etwas, das darf man nicht übersehen. Zunächst zwar nur in den Köpfen von sensibleren Individuen, die mächtig um ihre Selbstverwirklichung bangen und die der Aussicht allumfassender Reproduzierbarkeit (auch der des Menschen) wenigstens ein Symbol von originalem Dasein entgegenhalten möchten, einen unwiederholbaren Schnörkel, ein Stückchen unteilbaren Besitztums. Weil sich bei einigem Nachdruck aber auch die Dinge in Bewegung zu setzen pflegen, in unserem Falle sogar auf die Wunschdenker zu, materialisiert sich gewissermaßen der hoffnungsvolle Spiritualismus, und jeder dem Müll der Vorzeit entrissenen Originalverpackung haftet etwas an vom Glück der eingelösten Utopie.

Auch etwas von der Gewalt des zweckfrei und zeitlos Schönen. Auch etwas von der Illusion eines rein vom Ästhetischen her humanisierbaren Daseins. Ähnliches muß übrigens Heine im Auge gehabt haben, als er, gewisse Widrigkeiten seiner eignen Zeit zu treffen, Justin zitierte: «Als Cyrus die Revolte der Lydier gestillt hatte, wußte er den störrigen und freiheitssüchtigen Geist derselben nur dadurch zu bezähmen, daß er ihnen befahl, schöne Künste und sonstige lustige Dinge zu treiben. Von lydischen Emeuten war seitdem nicht mehr die Rede, desto berühmter aber wurden lydische Restaurateure, Kuppler und Artisten.» Was im Hinblick auf unsere zeitgenössischen Emeuten dann nur noch dahingehend zu berichten wäre, daß wir ihre Befriedung weniger einer Weisung von oben her zu verdanken haben, als einem zunehmend opportun erscheinenden Prozeß der Selbstkontrolle. Ansonsten deckt das alte Beispiel die neuerlichen Verhältnisse aber fast vollkommen. Die Restaurateure sind so leicht gefunden wie die im Freigehege der Gegenstandslosigkeit geradezu ideal untergebrachten Artisten. Und wer, die Analogie zu vervollständigen, noch nach den Kupplern fragen sollte, dessen Aufmerksamkeit empfehle ich die ganze fadenziehende Intelligenz unserer kulturellen Zubringerbetriebe. Sie sind es, also zu gutem Teil wir selbst, die ständig an dem Vertrauensverhältnis weben zwischen dem guten Alten und dem aufregend Neuen, zwischen moderner Kunst, die nicht mehr auf den Gegenstand, und alter, die nicht mehr auf Gegenwart reflektiert.

Das alles noch einmal überschlagen, läßt für sicher erscheinen, daß der Antiquität eine nicht unwichtige katalysatorische Rolle in den schleichenden Anpassungsprozessen der Gesellschaft zukommt. Mag man über gegenstandsfreie Künste immer denken, was man will, Tatsache bleibt, daß die historischen Emballagen uns mehr und mehr gefangennehmen, und zwar in dem Maße, wie unsere Fähigkeit, sie neu in Gang zu setzen, wächst. Das ist nur prima vista ein Widerspruch. Praktisch gibt es dies oft beschworene, vielfach dämonisierte Eigenleben der Fetische und Schablonen nämlich gar nicht, oder richtiger, es ist nur der schlimmen Wahrheit einer Teil. Der andere heißt, daß es schon des ständig nachfassenden Interesses bedurfte, das Abgelagerte wieder hoch und in Umlauf zu bringen. Nicht umsonst haben wir fortwährend neue alte Dinge in Mode geraten sehen. Nicht von selbst hat die Vorstellung von abbaufähigem Altertum sich mit den Jahren immer mehr erweitert, so daß noch die entlegensten Gebiete als erschlossen gelten dürfen, und ich sehe die Zeit voraus, wo wir Liebhaberpreise zahlen für die Alu-Kämme der Vorwährung und Wolldeckenhosen mit aufgenähter Bügelfalte. Solange dies neudeutsche Restauratorium noch anhält und mit ihm seine abweichenden Minoritäten, die sich versagen, eine gesellschaftlich einschneidende Rolle zu spielen, das heißt eine kritische, wird auch die Antiquität unser liebster Kultgegenstand bleiben: ein Alibi des Nonaffirmativen.

Man sieht, daß ich den Schwarzen Peter wieder nicht so gern an Handel und Industrie weiterleiten möchte. Das ökonomische Interesse an der Ausbeutung höherer Bedürfnisse erscheint mir, wo nicht gerade legitim, so doch verständlich; der Versuch, der Wirtschaft ihre geneigte Anteilnahme ausreden zu wollen, müßig. Dafür möchte ich lieber einmal unseren Geschmackseliten ins gute Gewissen reden, das hat nicht den geringsten Anlaß zu sich selbst, weil all ihre vorgeblichen Ausschermanöver nur höhere Anpassungsäquilibristik sind. Während ein breiter Durchschnitt von fast unschuldig zu nennendem Jasagertum wohl in jeder Gesellschaft und unter allen Umständen anzunehmen ist, kriegen wir es hier mit dem übleren Fall intelligenter Minderheiten zu tun, die alles Recht des besseren Wissens und der gehobenen moralischen Position in Anspruch nehmen, freilich nur in effigie, und die sich mit wahrhaft magischen Praktiken über den Zustand der Gesellschaft hinwegtäuschen. An die Stelle kritischer Reflexion, die allein in der Lage wäre, die ungeratenen Verhältnisse wirksam zu durchdringen, sehen wir jetzt einen ganzen Kanon von Verklärungspraktiken treten, von denen der

Altwarenfetischismus nur eben die feinste ist. Ein Fetischismus ist er in jedem Fall. Weil hier noch die letzte alte Schachtel zum fliegenden Koffer werden kann, die ihren Liebhaber über alle Radar- und Meinungskontrollen hinweg ins Fabelreich einer privaten Freiheit versetzt. Weil der bis zur Orientierungslosigkeit geregelte Zeitgenosse sich von jedem blöden Wegweisehändchen einer Jahrhundertwendenreklame den Fingerzeig ins Einzigartige erwartet. Weil es nur irgendeines alten Möbels bedarf, um dem von Vervielfältigungsschaudern bedrängten Individuum noch einmal die Wonnen der ersten Hand zu vermitteln und Lustvorstellungen, fast goethische, einer harmonischen Subjektivität. Aber die inneren Widersprüche liegen doch überall parat, und wo sich das Unwiederholbare so direkt und konkret als wieder holbar empfiehlt, scheint mir genau das Falsifikat bewiesen, das wir in der Nachahmung so unerbittlich verfolgen.

Das zeigt sich nicht zuletzt auch darin, daß wir unsere eigenen sozialen und politischen Interessen gar nicht mehr wahrzunehmen vermögen, es sei denn seligen Angedenkens. Eine erlesene Kollektion früher Ernst Busch-Platten (die heisere Klassenkampfstimme, Schmauchspuren der großen Sozialgefechte), eine eher auf Komplettierung ihrer selbst als unsern Geist zu Taten drängende Sammlung alter «Weltbühnen» (brandrot und randvergilbt in einem), auf solche und andere sozialhistorische Reliquien sieht sich ein Bewußtsein angewiesen, das selbst nur mehr das Faksimile eines Bewußtseins ist: so oder so geworden, so oder so geprägt und ohne jede Hoffnung auf Wirksamkeit. Ein solches Bewußtsein – egal, wie es im einzelnen zu ihm hat kommen können und welche Kräfte sich seine weitere Reduzierung angelegen sein lassen – ein solches Bewußtsein befindet sich offensichtlich in einem Teufelskreis. Je mehr es sich selbst als reduziert erlebt, das heißt als wirkungslos und bar jeder Verbindung zur gesellschaftlichen Realität, um so inständiger wird es sich eine Wirklichkeit im Rückwärtsgang zu erobern trachten. Es wird versuchen, sich an Realitäten zu binden, die ihm zugänglich sind, faßbare Dinge am besten. Es wird seinen Mangel an Beteiligung durch die Hinwendung zu Gegenständen wettmachen wollen, die ihm das Bild einer besseren Welt vor Augen führen, die Illusion eines beseelteren Daseins, die Hoffnung auf eine unmittelbar persönliche Anteilnahme. Allein, wie es bei metaphorischer Zauberei und Hexenwesen nun einmal so ist, mit jedem Amulett potenziert sich gewissermaßen die Irrealität, in der der Wunderglaubige lebt, vermindert sich sein Einblick in die wirklichen Verhältnisse.

Die wahre Crux des Fetischismus liegt also darin, daß er zwar die Wirklichkeit keineswegs im gewünschten Sinne verändert, wohl aber ohnmächtig entrückte Zauberlehrlinge auf der Strecke läßt. Tiefer verwandelte. Nachhaltig verhexte. Die auch – selbst gegen bessere Absicht – immer wieder nur Abzüge ihres eingeschränkten Bewußtseins weiter vermitteln können, immer nur Hoffnungen von ihren rückgewandten, und kein Gedanke nach vorn, der sich nicht sogleich und unwiderruflich ins Kostüm verwickelte. In diesem Sinne ist dann aber auch der wundersam beseelt erlebte Puppenbalg kein letzter Haltepunkt mehr. Die ästhetisierende Verklärung des Daseins, die sich für seine Humanisierung hält, greift Raum über die Druckmittel und Darbietungsanstalten, die sich uns und unseresgleichen eröffnen. Die Verwechslung von Wurmstich und Wahrheit, von Veränderung und Verzauberung, von Protest und Zilleball, Natur und Orginalverpackung wird über die häusliche hinaus zu einer öffentlichen Bewußtseinstäuschung, wo wir passive Minoritäten uns in Bewegung setzen und Geist von unserm Geist verbreiten und Zeitkritik als Zeitvertreib. Nichts gegen das, was ein Gegner von Entrückung einmal Verfremdung genannt hat. Vieles was sich eine Zeit nicht zuzieht, solange es in ihrem eigenen Gewande herumspaziert, kann ihr mit einemmal deutlich werden, wenn es sie aus der Verkleidung anspricht. Hier aber liegen die Verhältnisse denn doch ein bißchen anders, und jedes *Mahagonny* im Zwanzigerjahregedächtniskostüm, jeder zur Ausstattungsoperette prächtig aufgedunsene *Marat-Sade*, jedes Antikriegsmusical als historische Schlüpferparade wirken mit an der Fixierung eines Bewußtseins, das eine eigne Wirklichkeit nur noch als Anachronismus begreift.

B. Über Volkskunst und künstliche Atmung

In diesen Zusammenhang gehört wohl oder übel ein Buch, das – an die fünf Jahre ist es jetzt alt, aber seine Wirkung hält an, und sein Geist zeitigt Nachfolger die Menge – im Jahre 1962 bei Suhrkamp herauskam. Sein Titel: «Allerleirauh». Sein Untertitel: «Viele schöne Kinderreime». Sein Verfasser (und hier wollen sich alle bösen Verdächte eigentlich von selbst erübrigen): Hans Magnus Enzensberger, also ein Autor, dessen ideologische Unbestechlichkeit nahezu sprichwörtlich. Aber Enzensberger, wie sehr er sich auch in einer beigefügten Leseanweisung um ein Publikum sagen wir mit freiem Kopf und unvernebeltem Bewußtsein bemüht, scheint diesmal selbst zu tief in den Bann allgegenwärtiger Vorurteile geraten, als daß sich der Geist ästhetisierender Verklärung a posteriori hätte aus der Welt disputieren lassen. Was sich uns darbietet ist nicht, wie das Nachwort meint, «Poesie am grünen Holz», sondern Poesie aus jenem (Nürnberger) Spielwarenmuseum, das zeitgenössischer Sentimentalität das wahre Naturreich scheint.

Soll das etwa heißen, daß eine Kollektion von Kinderversen heute in jedem Fall suspekt erscheinen muß? Keineswegs. Immerhin wäre ein Unternehmen nicht nur denkbar, sondern in hohem Maße nützlich und begrüßenswert, das uns endlich einmal einen gewissen Überblick über die Umgangspoesie unserer näheren Gegenwart verschaffte, wobei ich gar nicht bezweifeln will, daß eine neue, handverlesene Sammlung auch manche ältere Strophe in ihrer ungebrochenen Lebenskraft bestätigen würde. Vermutlich würde sie aber auch allerhand anstößiges, geschmackloses, schiefwüchsiges und schließlich unerwartetes Spruchwerk zu Tage fördern, das nicht sogleich, nicht auf den ersten Streich gewissermaßen einlöste, was wir vom Volks- und Kindermund glauben erhoffen zu dürfen: Saures und Ungehobeltes, also Rauhes auf der einen Seite, Schönes zum andern. Genau das nun verspricht uns Enzensberger in die Hand, und, siehe da, er hält's, er kann es aber auch nur halten, weil er seine idealische Rechnung schön säuberlich auf dem Papier austrägt. Da geht sie auf so glatt, daß sich das Ergebnis prompt auf alle gängigen Heilserwartungen der Epoche reimt. Da scheint nun wirklich in greifbare Nähe gerückt, was man – gesund wie naturtrüber Apfelsaft und Unox-Leberwurst nach Gutsherrenart – fast eine unverfälschte Gabe der Natur nennen möchte. Da eröffnet sich uns unversehens ein immergrünes Arkadien, wo Schönheit und Wahrheit noch auf einem Holze wachsen. Kennten wir nur die beschränkten Schatztruhen unserer Volks- und Altertumskundler selbst nicht zu genau und hätten andrerseits nicht auch gewisse Erfahrungen im Umgang mit der Umgangspoesie, wer weiß, ob nicht auch wir uns ganz unbefangen an besagten «ältesten Tisch» begäben, uns vom angeblich «Frischesten» vorsetzen zu lassen.

Das Mißtrauen bestärkt sich um ein Weiteres, wenn wir Hans Magnus Enzensberger bei einer ideologischen Ausdeutung des Kinderverses ertappen, die gar nicht so weit entfernt ist von einer Ideologie, gegen die sie sich heftig verwahrt. Hatte Brentano in seinem Aufsatz «Von Volksliedern» noch schreiben mögen «sie grüßen versöhnend alle Gegensätzler unserer Tage und heilen den großen Riß der Welt, aus dem die Hölle uns angähnt, mit ihrem Zeigefinger zusammen», dann teilen wir zwar vorbehaltlos den Enzensbergerschen Einwand: «Nein, den großen Riß der Welt konnte das Volkslied nicht heilen. Eben als Kontrast zum Bestehenden wurde es genossen.» Schon wenige Sätze später sehen wir unsern Gewährsmann aber doch wieder vom Pfad seiner guten Vorsätze und – «Ganz anders ist es dem Kindervers ergangen. An seinem anarchischen Humor scheitert jede Ideologie» – einen altbekannten Wunsch zum Vater neuer Gedanken werden. Auf dem Umweg über die unschuldsvolle Wertsache schließt sich nämlich auch hier der große Riß zwischen einem mit der Gesellschaft zerhaderten Autor und deren liebsten Vorurteilen. Wie sehr kommt die frohe Botschaft von einer entideologisierten Zone nicht all unsern Wunschdenkern entgegen, die meinen, man könne sich irgendwo am Rande der Gesellschaft rein und heraus halten. Die Illusion von paradiesisch klassenlosen Zuständen, erreichbar ohne soziale Machtkämpfe und Klassenauseinandersetzungen, welche Hoffnung muß ihr nicht aus Vollzugsmeldungen folgender Preislage entgegenwachsen: «Wer den Kinderreim im Munde führt, das sind die Kinder, den schließt er in eine klassenlose Gesellschaft ein.» Und welche Melodie wäre wohl treffender zugeschnitten für das Ohr des feineren Restauratoriums als das Loblied auf einen Mikrokosmos, der «die Veränderungen der Gesellschaft gelassen über sich ergehen läßt». Sehe ich recht oder sollte es völlig abwegig sein, wenn ich im übrigen meine, daß sich in Enzensbergers Vorliebe für den Kinderreim zwangsläufig all die Vorurteile mit eingeschlichen haben, die der von ihm betreuten Gattung anhängen seit ihren ersten Förderern und Betreuern? *So* erschien bereits im Jahre 1897 ein Buch, «Deutsches Kinderlied und Kinderspiel» benannt, und wie altbacken, nein, reaktionär einen das Nachwort seines Verfassers auch anmuten mag, fast nahtlos fügen sich die Konklusionen des Franz Magnus Böhme an die Erwägungen unsres Hans Magnus Enzensberger, und über die wechselhaften Zeitläufte hinweg versöhnlich grüßen sich die Antipoden: «Überblicken wir die historischen Angaben, welche zu den einzelnen Nummern unserer Sammlung beigebracht sind, so gelangen wir zu der tröstlichen Überzeugung: Die Kinderreime und Kinderspiele sind *seit alter Zeit wesentlich dieselben geblieben*, selbst in Zeitaltern, wo die Wogen der Zeitereignisse hoch aufschlugen, wo trübe und heitere politische Ereignisse im Culturleben eintraten, das Kind nahm wenig Theil daran. Zum Glück politisieren die Kinder nicht, höchstens daß sich einige Anspielungen ... fanden.»

Das wunderlichste an dieser Anthologie angeblich so «zäh lebendiger» Durchhaltestrophen ist dann aber doch, daß die ihnen nachgerühmte Vitalität wirklich nur auf dem Papier steht. «Das neue Lied, das neue Lied / Von dem versoffnen Fahnenschmied», so lesen wir zum Beispiel nicht ohne ein gewisses Amüsement, fragen uns aber doch auch, ob, was uns daran poetisch scheint, nicht nur der Reiz der Patina ist. «Schlaf, Herzli, schlaf, / Schlaf, mein kleiner Graf», nicht ohne Rührung, zugegeben, vernehmen wir die trauliche Wiegenweise, wäre nur nicht jener Rest von Mißtrauen, man wollte an unser immer offenes Herz für herzige Antiquitäten appellieren. «Holla! Holla! Wer ist da?» – Nun, im Zweifelsfalle sicher die Stimme der unverstellten Natur, biderb und polternd, wie wir sie nun einmal schätzen; indes vermag uns die Antwort, «Ein polscher Bettelmann», wiederum nicht die letzten Zweifel zu nehmen, ob so etwas nun unter die Rubrik «Kommt ohne kulturelles Fischbein aus» fallen dürfte, oder – und hier wird es heikel – ob wir nicht etwa selbst schon so viel kulturelles Fischbein im Kopf haben, daß wir gar nicht mehr merken, wo die Faszination durch das verlästerte «Archaische» anfängt und das unverwüstliche Leben zu Ende ist. Leider, je mehr ich es bedenke, will allerdings die Meinung überwiegen, daß wir uns anstatt auf die Straße und den Spielplatz in die volkskundliche Abteilung eines hervorragend sortierten Antiquariats haben entführen lassen; und was uns entgegenweht, nicht die Natur ist es, sondern der Geist eines Sentimentalismus, der die Natur, das Lebensechte und das Sterbenswahre, gar nicht mehr feststellen kann, es sei denn als ein schönes altes Original.

Daran kann denn im nachhinein auch nicht die fortschrittlichste und beweglichste Theorie etwas retten. Schlimmer, wie weit sie immer ihren Diskussionsgegenständen vorauseilt, sie nach vorn ziehen möchte, sie ins Schlepptau nehmen, schwupp! – da nun einmal nicht sie der Fixpunkt ist, auf den sich alles bezieht, und auch das Gummiband ihrer Neigung nicht unendlich dehnbar – sieht sie sich häufig weit hinter ihre Bezugsobjekte katapultiert. Das heißt, *sie* sieht sich natürlich nicht, *wir* sehen sie, und hinter dem unfreiwilligen Reflex die Strafe der versäumten Reflexion.

Anders gesagt, die überspielte Wahrheit setzt sich tückischerweise hinterrücks ins Recht. Was gar nicht hätte passieren müssen, wenn Enzensberger sich zu solchen «historischen Reflexionen» hätte entschließen können, wie er sie seinen Vorsammlern so unerbittlich ankreidete, anders ihm nämlich sicher aufgefallen wäre, daß seine eigne Anthologie kein einziges rezentes Beispiel enthält. Der Kasus liegt aber leider so, daß weder die Kinder noch singen und sagen, wie Enzensberger meint, daß sie sängen und sagten, noch daß die Überlieferung endet, wo ihr Betreuer sie auf sich beruhen läßt: im Abgelagerten.

Daß es das Kostüm ist, was zu Herzen geht, haben wir im ersten Teil unseres Referats hinlänglich erläutert. Wir können uns jetzt also auf den Hinweis beschränken, daß auch unser «Allerleihrauh» – mit Bilderchen versehen, edel «wie alte Briefmarken» und reproduziert nach «kostbaren Vorlagen von Mr. Leslie Sheppard in London» – das Seine tut zur Bestätigung der gängigen Erwartungen. Nicht gerade im Sinne eines Makellosen und Astreinen, so heißt die Mode nicht (und es wäre ja auch höchst sonderbar, wenn eine Zeit, die praktisch alles machen, alles nachmachen kann, ihren Königsweg in Richtung auf immer weitere Perfektion zu sähe); wohl aber im Hinblick auf ein knastreich Individuelles, unschuldig Imperfektes, treuherzig Unbefangenes. Rührend zum Beispiel, und wirklich handgeschnitzte Erscheinungen allesamt, das muntere Bäuerlein mit dem Dreschflegel, die fleißige Garbenbinderin, der wackre Kornsichler, die von keinem frühen Rentnertod bedrohte Großmutter am Spinnrocken. Ganz allerliebst und wie ein Gruß aus zeitlos stillen Zeitläuften: der alte Dreimastschoner, die alte Puffing Billy, alte Mongolfiere, alte Postkutsche, Strohkate, Handpumpe, Donnerbüchse, Waschbalje, Zisterne, Feuerstelle. Einfach reizend dann natürlich auch die liebe Zinnsoldatenwelt, hier Musketier-Grenadier in ihren prächtigen Monturen, dort Postillione mit Peitsche und Horn und der Nachtwächter mit Zweispitz und Schelle. Aber es ist nicht nur dies. Auch was sich in den gefälligen Bildchen spiegeln möchte als eine gewissermaßen demokratisierende Tendenz, tut wiederum nur das Seine zur Erhärtung einer beliebten Bewußtseinstäuschung. Unter der gleichmacherischen Hand des gerechten Xylographen hat sich, was die Stände trennt, zu Gunsten einer höheren, ästhetischen Egalité verwischt; wo das Naturkind und der Edelmann sich ihr heimliches Stelldichein geben, da gibt es keinen Unterschied der Klassen mehr, sondern nur noch die miteinander konkurrierende Niedlichkeit der Figuren; wohlgekleidete Gräfinnen und reitendes Herrenvolk scheinen aus dem gleichen groben Holz geschnitzt wie betende Kindlein oder eilfertige Bedienstete; kurzum, das friedevolle Einvernehmen von Hoch und Niedrig ist in effigie vollzogen und, wenn wir den Leseanweisungen trauen dürfen, das Paradies hält an, man muß nur den richtigen Blick dafür haben, und über alle Wechselfälle und Umschichtungsprozesse der Geschichte hinweg zieht sich das Ringelspiel der Kinder durch die Jahrhunderte.

Schöne Spiele. Schöne Träume. Schöne Bilder. Dabei der Traum von einem unbeschadeten Kinderparadies natürlich nicht einmal unvermittelt. Er kommt so wenig von ungefähr wie eine frühere Neigung zu Volkslied, Volksmärchen, Volksweisheit; und wie es kaum zufällig war, daß gerade im erwachenden Industriezeitalter die Intelligenz einen Begriff von Volk zu regenerieren begann, der praktisch nicht mehr aufrechtzuerhalten war, so wenig ist das Enzensbergersche Arkadien unabhängig zu denken von der Barbie-Kultur, der Meckie-Ideologie, der Kaaba-Kinderstube unserer Tage. Die Parallelen gehen indes noch weiter. Erst wo epochale technische Umwälzungen zusammentreffen, mit den Halteversuchen eines auf Restauration bedachten Regiments, und die Intelligenz ihre eigne Stellung nicht mehr ausmachen kann in dem in Bewegung geratenen Gesellschaftsgefüge, beginnt sie sich ihre eigenen Zusammenhänge zu erfabeln. Oder umgekehrt: wo sich das angestammte Vertrauen in die alten Herrschaftspositionen durch das Voran der Instrumente und Maschinen erschüttert sieht, und der Geist im Zweifel ist, wohin er wehen soll, schafft er sich seine eignen idealischen Bezugsmodelle. Es sind – und hier trifft ein Romantizismus auf den anderen – immer Modelle, die auf ein Abgeblühtes reflektieren, selbst dann, wenn in beredten Worten das Lebenskräftige gepriesen wird, die unbeschädigte Natur, die immergrüne, allen gemeine Menschenseele.

Der in sich reaktionäre Begriff des «Brauchtums» durch den an sich dynamischen «Gebrauch» oder «Brauchbarkeit» ersetzt, stiftet eher zusätzliche Verwirrung als Klarheit, solange eine Untersuchung darüber, was praktisch und faktisch noch in Betrieb ist, unterbleibt. Bei solchem Versäumnis muß nämlich auch die interessante Frage, welchen Bedürfnissen der Kindervers nachkommt und wessen Interessen er vertritt, im engsten Bannkreis der konventionellen Auswahlen bleiben. Wer nur aus vorhandenen Anthologien schöpft, dessen Wahrnehmungskreis reduziert sich notwendig auf die Interessen der Interessen-*Vermittler*. Wer die historischen Sammlungen ausbeutet, ohne dieselben als historisch sich zu vergegenwärtigen, dessen Erkenntnisse werden zwangsläufig durch allgemach historisch gewordene Zensurschwellen beeinträchtigt; ein Dilemma, das durch die nachträgliche Versicherung der Vorurteilsfreiheit («Moralische Bedenklichkeiten sind für unsere Auswahl kein Gesichtspunkt gewesen») dann auch nicht mehr zu lösen ist. Es kommt auch dadurch nicht aus der Welt, daß sich ein gewissermaßen fortgeschrittener Geschmack und der feinste Nerv fürs Originale, Handgemachte, Unverfälschte zu Anwälten des kindlichen Interesses aufschwingen. Dem alltäglichen Interesse derer, «deren Eigentum der Kinderreim ist und bleibt», dient diese musterhafte Geschmacksauslese genausowenig wie all die moralpädagogisch limitierten Auswahlen vergangener Zeiten. Ja, es macht sogar den Eindruck, als ob die Ästhetisierung der Interessenfrage den Machtstreit vollends im Sinn der Erziehungsmächte und gegen die Ansprüche der Kindergesellschaft beeinflussen könnte.

Übrigens findet eine Verschleierung der Eigentums- und Interessenverhältnisse auch da statt, wo unsere Anthologie sich gleichzeitig in die Hände empfiehlt der Eltern und ihrer Schutzbefohlenen. Zwar springt das nicht sogleich ins Auge, weil hier doch kindliche Rechtsgüter verteidigt werden, entgegen den Autoritäts-, Respekts- und Vormundschaftsansprüchen der Erwachsenen. Und natürlich ist der Gedanke nicht ganz von der Hand zu weisen, daß die Erziehungsberechtigten tunlichst eine Welt zur Kenntnis nehmen sollten, von deren eignen Gesetzen und Bedürfnissen sie gemeinhin wenig Ahnung haben. Indes ist es genau an dieser Stelle, daß die Wahrheit des Kinderverses verfälscht wird, der wesentlich eine unter Kindern und gegen die Erwachsenen ausgehandelte Sache ist. Unter dem Anspruch, den Erwachsenen den Blick für ein Reich der Kinder zu eröffnen, wird hier doch nur ein harmloser Naturschutzpark zur Besichtigung freigegeben. Mit dem Versprechen, den Kindern ihr eigenes Besitztum vertraut zu machen (und es ist ein arg verschnittenes), leistet man unter der Hand einen Beitrag zu ihrer Domestikation.

> Es rengelet, es schneielet,
> da geht ein kühler Wind.
> Da schlafen alle Vögele
> und alle armen Kind.
> Es regnet große Tropfen.
> Böse Buben muß man klopfen,
> die braven legt man ins Seidenbett,
> die bösen in die Dornenheck,
> die braven werden in der Kutsche gefahrn,
> die bösen in die Donau getragn.

«Aus dem Wildwuchs also hieß es, einen Garten machen. Aber wie?» Nun, diese ein wenig verschämt gestellte Frage Enzensbergers scheint sich am Ende doch recht eindeutig geklärt zu haben: im Sinne vergleichsweis schreberhafter Naturideale. Eigentlich an keiner Stelle finden sich jene durch Poesie nicht mehr entschuldbaren Geschmacksverstöße und Sittenwidrigkeiten, die – so lehrt uns die Erfahrung – der Gattung anhängen wie eine zwangsläufige Mitgift der Natur. Was sich an gelegentlichen Abweichungen von allgemeiner Schicklichkeit entdecken läßt, entschuldigt sich als Äußerung des Unschuldsmäulchens. Und wie viele Verse einzig auf der Welt sind, einer genuinen Wut auf alles Erziehungswesen Luft zu machen, und mit Zähnen und Klauen einen Platz for children only zu behaupten, erfahren wir aus unserem versifizierten Hausfreund nicht. Nehmen wir ihn denn als das, was er sich schämt zu scheinen, und was er dennoch kraft seines schamvollen Daseins ist: ein Entrückungsmittel für die deutsche Familie, die noch an Ewigkeitswerte glaubt und schon wieder betet.

> Schlaf, Kindlein feste!
> Wir kriegen fremde Gäste.
> Die Gäste, die da kommen drein,
> Das sind die lieben Engelein.
> Schlaf, Kindlein, feste!

Erst jenseits aber der Reservate (auch der gedruckten und bebilderten), erst außerhalb der Traditionsverbände (auch der Familie) wird eine poetische Spezies virulent, die, wenn sie sich nach der Meinung ihrer idealistischen Hegemeister richten wollte, schon lange zu den ausgestorbenen zählen müßte. Wie lasen wir doch bei Eduard Wechsler? «Was aber einer Gemeinschaft als künstlerischer Ausdruck dient und dienen soll, das muß mit Notwendigkeit das *Bleibende, Dauernde, ewig*

Wiederkehrende festhalten.» Und: wie nahmen sich noch die Überlebensregeln bei Hans Magnus Enzensberger aus? «Die Kinder selber sind es, die auf dem ‹richtigen›, dem einmal zuerst vernommenen Text eigensinnig beharren. Alles wollen sie öfter, wollen es immer wieder hören: aber es soll beim Alten bleiben. Kein Philolog nimmt es damit genauer als ein Kind. Vielleicht ist mündliche Überlieferung nicht möglich ohne so konservative Zuhörer, ohne die Forderung, ‹Das Wort sie sollen lassen stan›.» Nun: das ist mit Sicherheit nicht absolut falsch, und es stimmt schon, daß in der volkstümlichen Überlieferung ein gewisser Standardschatz bewährter Folien, alter Grundmuster, beliebter Spielregeln, approbierter Reizmittel, handlicher Ausdruckskartuschen, eingeführter Provokationstechniken und Bindeverfahren durch die Jahrhunderte transportiert wurde; nur eben lebt und pflanzt sich die Gattung gewiß nicht dadurch fort, daß sie, entgegen den wandelhaften Umweltsbedingungen, immer nur das gleiche alte Pensum repetiert.

Auf die Gefahr hin der Wiederholung möchte ich doch noch einmal betonen, daß eine Lebenskunde der niederen Kulturflora, die ihren Gegenstand mit Insistenz auf die eingeführten Werte verpflichten möchte, die also das Alte, Dauerhafte, Ewiggleiche, Ehrwürdige und Konservative anruft, wo sie vom Leben und Überleben spricht, nichts Besseres als das Fixativ konservativer Denkungsart über ihre Objekte gießt. Es macht ja fast den Eindruck, als ob die Volkskunde und alles, was in ihrem Bannkreis forscht und fördert, so unwiderruflich in die Tradition dieser Disziplin verwickelt wäre, daß es selbst dem beweglichsten Kopfe nicht gelingt, aus dem Pferch der alten Vorurteile auszubrechen. Leider scheint Volkspoesie kein wertfreier Forschungsgegenstand unter anderen. Sie ist ein Fetisch gewesen seit ihrer Entdeckung durch Herder, durch die Romantik. Eine Alraunwurzel, die ihre Finder ermächtigte, wenn nicht schon über Leben und Tod zu verfügen, so doch das Alter für die Jugend zu nehmen, die weite Herkunft für das lange Leben, die Geschichte für die Natur, das Niedere für das Erhabene, das Geringe für das Überlegene, das Unterdrückte fürs Freie. Es ist seit ihrer Heiligsprechung durch die Romantik so lange in einem bestimmten Sinne mit ihr gezaubert und manipuliert worden, daß wirklich radikale Entzauberung vonnöten scheint, den Weg zu einer neuen Betrachtungsweise frei zu machen.

Dazu gehört, daß man sich endlich löst auch von den eingeführten Verwunderungsmomenten. Zum Beispiel: wohin ich geriet, mit meinen eignen Fragen nach anonymem Gebrauchs- und Umgangsgut, es lag wie selbstverständlich überall die gleiche Antwort auf der Lauer. Buchhändler lenkten meinen Blick auf alte Bücher. Befragte erinnerten sich alter Mütterchen und empfahlen mich an die Abgeschiednen. Selbst Leute, die sich nach den nötigen Erklärungen als außerordentlich fruchtbare Beiträger entpuppten, hatten zunächst versucht, mich an die Eltern, Großeltern und Urgroßeltern zu verweisen, gerade so als ob die Gattung nur noch in der Erinnerung der Alten existierte. Aber nein, nicht diesem bereits historisch gewordenen Erinnerungsgepäck galt, gilt mein erstes Sammlerinteresse, und wunderbarer als das ungebrochene Standvermögen zahlreicher Uraltverse will mich die Veränderung in der Zeit bedünken. Daß die scheinbar läppische Umdichtung einer Assekuranzreklame gelegentlich eine Verbreitung findet, die besten Gewissens national genannt werden kann, scheint mir das wahre Wunder. Daß ein rezenter Toilettenvers plötzlich in aller Munde ist, macht mich stutzen. Daß aus Altwaren, traditionellen Mitschleppseln der Umgangspoesie auf einmal neue Funken schlagen, finde ich aufsehenerregend. Und ganz und gar nicht ist es die alte Konservierungsfrage, die mein Erstaunen weckt, sondern das unfaßliche Durchsetzungsvermögen und das im Nu gelöste Transportproblem. Eh man sich's versieht, hat sich herumgesprochen und herumgesungen, was nicht die geringste Chance auf Verbreitung zu haben schien, und – ob es nun bleibt oder nicht – daß eine unscheinbare Novität herumkommt und ihren Weg macht und für eine Weile auch in aller Ohr ist, scheint mir, vor allen anderen Qualitäten, eine bemerkenswerte.

Es kann uns hier darum nicht um die Zurschaustellung hübscher Einzelstücke gehen. Die hätten sich finden lassen, zweifellos. Und obwohl das kurios Handgemachte, seltsam Verschrobene sich nicht erst seit heute einer gewissen Aufmerksamkeit erfreut, hätten auch wir wohl noch einen kleinen feinen Almanach mit putzigen Originalitäten zusammengebracht, unpubliziert und unverzeichnet bis heute hin. Indes verlangt es uns mehr, zu erfahren, wie es um die Innung allgemein bestellt ist, und da haben denn individualästhetische Gesichtspunkte ein wenig zurückzutreten vor der Gewissensfrage nach der Norm.

Reden wir also einmal offen von jenen geheimen Schlagern, die, in keinem Florilegium bislang berücksichtigt, dennoch die Publizität von «Glocke», Erlkönig» und «Ein feste Burg» weit in den Schatten stellen. Von jenen Ohrwürmern, die auf keine institutionelle Transporthilfe angewiesen, oft gegen die Propaganda der Verklärungsindustrien sich durchgesetzt haben. Von jenem – andere Bilder, andere Wegweiser – flüchtigen Treibgut, das, durch nichts befördert als ein inständiges und kollektives Interesse, eine Form von inoffizieller Öffentlichkeit bildet, die man dort, wo sonst so öffentliche Meinung gemacht wird, gewiß nicht auf der Rechnung hat. Passen Sie auf: der Untergrund, auf den wir uns jetzt einlassen, verweigert sich der Integration in den gesellschaftlichen Überbau von selbst, und was man Volksmund heißt, steckt seinen wundersüchtigen Ideologen die lange Zunge heraus.

II Knalleffekte

Die Wahrheit des Kinderreims liegt auf der Straße. Das müßte wie eine Binsenwahrheit klingen, wüßten wir nicht an die hundertfünfzig Jahre eifrigen Sammelns, Auslesens, Bewertens und Verfälschens hinter uns. Nie eigentlich hat man den Kinderreim unzensiert passieren lassen. Fortlaufend sollte er irgend etwas bestätigen, bekräftigen, unterschreiben und einlösen. Mit signifikanter Häufigkeit stoßen wir in den Vor- oder Nachwörtern seiner Betreuer auf ein schon formelhaftes Ritual der Akklamationen und Verwahrungen. Und wer, durch Erfahrung gewitzigt, eine andere Auffassung von Volks- und Kindermund besitzen sollte, als die herkömmlichen Kompendien uns suggerieren möchten, der kann sich an Hand eben der Vor- und Nachwörter schon ein genaues Bild der Verfälschungen machen.

Die Wesensbestimmungen halten sich dabei durchaus im Rahmen dessen, was auch heute noch mit dem Prädikat «besonders wertvoll» ausgezeichnet werden würde. «Zum Wesen des Kinderreims gehört seine Sittlichkeit und Gemütstiefe», lesen wir zum Beispiel bei Karl Wehrhan, einem jüngeren Erforscher volkstümlicher Überlieferung. Von Ludwig Mannhardt erfahren wir: «Solange aber der Born dieser Poesie noch nicht versiegt ist, solange die Kinderwelt die geweihte Priesterin dieses Brunnens bleibt, so lange hat es keine Not mit dem deutschen Volkstum.» Und Franz Magnus Böhme, sicher einer der bedeutendsten Sammler in diesem Fache, gibt uns mit auf den Weg: «An das Volkstümliche, das nimmer veraltet, soll der Lehrer sich halten, dort am Wunderbronnen der Volkspoesie ist Erfrischung und neue Nahrung zu schöpfen: Das ist der Weg einer gesunden Volkserziehung, den alle tüchtigen Schulmänner längst mit Erfolg eingeschlagen haben.» Aber während die verdienstvollen Aussonderer so einerseits gezielte Gemütspolitik betreiben, sind sie immerhin so offenherzig, uns über das Zustandekommen ihrer Auswahlen Bericht zu erstatten. Eigentlich in keinem theoretischen Anhang fehlt der Hinweis, in welchem Sinne da purgiert und kanalisiert wurde, und es macht fast den Eindruck, als ob in jedem Falle das Wort Ausscheiden wortwörtlich genommen worden wäre. Karl Wehrhan: «Hier und da begegnet uns vielleicht in den Reimen ein uns *unangenehmer Ausdruck*, ein Ausdruck, der zu natürlich ist, der womöglich geradezu unanständig erscheint.» Paul Lemke: «Es sei hier auch erwähnt, daß diese Sammlung doch nicht den Anspruch auf Vollständigkeit erhebt. Es wurden nämlich die sogenannten ‹unanständigen› Reime fortgelassen.» Johann Lewalter: «Wenn die wirklichen Roheiten, die hin und wieder auftreten, von einer Aufzeichnung in diesem

Buche ausgeschlossen wurden, so durfte der Verfasser in der Aufnahme echt volkstümlicher Lieder und Scherze nicht gar zu zartfühlend sein.» Franz Magnus Böhme: «Nur das Gemeine und Schmutzige, das leider zuweilen in den Kindermund gelangt, suche man in dieser Sammlung nicht.»

Können wir aus der Allgemeinheit solcher Verwahrungen den Schluß ziehen, daß es die herkömmlichen Sammlungen – und wie wir noch sehen werden, hält das Herkommen an –, daß es die gültigen Musterkollektionen an Redlichkeit vermissen lassen? Wir können. Wir können aber noch mehr. Wir können nämlich sehr wohl behaupten, daß dort, wo der schriftlichen Überlieferung die Stimme versagt, der Volksmund über seine Vormünder triumphiert. Er läßt sich nämlich gar nicht so einfach zitieren, der viel zitierte Volksgeist. Er läßt sich für so hohe und edle Zwecke gar nicht her, wie man sie ihm abverlangt. Nur als Exzerpt genießbar, nur in gereinigten Sammlungen vorzeigbar, nur in verschnittener und gestutzter Form einer Gesellschaft vorzuführen, deren Untergrund er entstammt, nötigt er seine Beschwörer sogar immer wieder zum Eingeständnis ihrer Unterschlagungen.

Der Vorwurf der Unterschlagung, einzig gegründet auf die Versäumnisanzeigen der Anthologisten, würde freilich noch nicht viel besagen, stünden uns nicht noch andere Rechtsmittel zur Verfügung. Zum Beispiel das einer eigenen Sammlung. Zum Beispiel eine Sammlung von sagen wir dreitausend Stück Handlese – brandfrisch, zumindest was die Umlaufzeit angeht –, und hier nun zeigt sich sehr deutlich, daß der Wahrheitsbegriff der Vorgänger aus einer Verwechslung mit Reinlichkeitsvorstellungen hervorgegangen sein muß. Wenn sich aus dem vorliegenden Material überhaupt eine größere, eine umfassende, eine gleichwohl sehr konkrete Wahrheit ableiten läßt, dann diese statistische: daß dem bislang unterdrückten Unschicklichen anscheinend das breite Feld gehört. Und sogenannte Auswüchse? Finden sich wahrlich nicht nur am Rande, das ganze Genre ist ein Auswuchs, fragt sich nur, wessen, und im Gegensatz zu welcher soliden Rechtschaffenheit.

Ich darf in diesem Zusammenhange darauf aufmerksam machen, daß der Kindervers zwar keine feste Grenze kennt gegenüber dem weiteren Gebiet der Umgangspoesie, daß er aber seinen Ausgang in keinem Fall in der Kinderstube nimmt. Sammlungen, die, wie es so herkömmlich ist, dem Wiegenlied, dem Fingerspiel, dem Killewippchen und der Kinderscheuche den Abzählreim folgen lassen, scheinen mir sogar heimlich die Gattung zu wechseln. Sie versuchen, den ungeheuren Abstand übersehen zu machen, der ein mehr oder minder pädagogisch gemeintes Instrumentarium vom Vers der freien Wildbahn trennt. Anders herum:

25

im scheinbar zwanglosen Übergang von der kaschierten Erziehungshilfe zu den ersten kindlichen Unabhängigkeitsäußerungen wird eine Kontinuität vorgespiegelt, die es in Wahrheit nur auf dem Papier gibt.

Die Emanzipation der Umgangspoesie als einer Gattung mit selbständigen Lebensformen und besonderen Umweltbedingungen beginnt beim kindlichen Abzählreim. Wie wenig der Abzählvers aus dem Zusammenhang mit anderen volkstümlichen Hervorbringungen und Überlieferungsweisen zu lösen ist, so wenig hat er mit dem Kinderstubenreim zu schaffen, der ist von anderem Stoffe, anderem Geist, und wer's nicht glauben will, der höre sich ohne Zagen an, was beide Seiten zu melden haben.

Die Differenz liegt auch nicht nur in der Unterschiedlichkeit der Redeweisen. Zum Beispiel hier: der Sprechgestus von oben herab nach unten tief, also eine Art von Teilnahme, die selbst in der geneigten Hinwendung noch auf den Abstand verweist, der den Tonangeber vom Empfänger trennt. Dort: der Schlagabtausch unter Kumpanen und Gesinnungsgenossen. Er betrifft den Tonfall so gut wie die Vertriebsmethoden, die Lebenseinstellung wie die Umwelteinflüsse, schließlich wäre aber auch noch auf die gänzlich inkommensurablen Interessen zu verweisen, die da und dort vertreten werden. Während der Kinderstubenvers sich bemüht zeigt, das Kind zum Schlafen zu veranlassen, ihm das Zählen beizubringen, es zum Lachen zu ermuntern, ihm den Trotz auszutreiben, es zu Pünktlichkeit und Reinlichkeit anzuhalten, es zum Leeren des Tellers zu bewegen, kurz, ihm Kultur und Unterordnung in einem Atemzuge beizubringen, vertritt der Abzählreim unmißdeutbar die Rechte der unterdrückten und geschurigelten Natur.

Das nimmt sich auf den ersten Stufen des Abzählreimes noch vergleichsweise harmlos aus. Die Kinder, den Tanten- und Ammenversen endlich entkommen, dem Schlaflied entwachsen, des Fingerspiels überdrüssig, erschaffen sich – so muß man es wohl sehen – nun ihre eigne Welt nach eignem Nutz und ohne Frommen. Da organisiert sich das Spielfeld der Kinder nach Regeln und Verfahren, die nichts mehr mit den Wertmaßstäben der Erwachsenenwelt zu tun haben. Da wird mit aleatorischer Gerechtigkeit darüber entschieden, wer den Haschmann abgeben muß und wer frei ausgeht. Da hat jedes Spiel sein Vorspiel, und wie sinnlos und dunkel uns manche klangmalerische Auszählestrophe anmuten mag, schon daß sie so oft einer kindlichen und den Erwachsenen unzugänglichen Geheimsprache sich bedient, lenkt unsern Blick auf das Bedürfnis nach Absonderung.

1   Ele mele mink mank
    Pink pank
    Use buse ackadeia
    Eia weia weg

2   Enne denne
    Dubbe denne
    Dubbe denne dalia
    Ebbe bebbe bembio
    Bio bio buff

3   Ene dene ditschen datschen
    Zwibbel di bibbel boneratschen
    Ene dene daus
    Und du bist aus

4   Ebra bebra zibberezaal
    Ebra bebra bom

5   Ene mene minke tinke
    Vader ruder rollke tollke
    Wiggel waggel weg

6   Wenewenewiss
    Und du biss

7   Acke backe bohne knacke
    Elle belle bulle baff
    Un du büst aff

8   Mitsche matsche mu
    Und rut büst du

Von solchen Versen gibt es nicht nur unzählige, sie sind auch fleißig im Betrieb, und offensichtlich herrscht ein nie zu stillender Bedarf nach Neuerungen und Abwechslung wie ehedem. Daß es im übrigen gerade dieser Typus kindlicher Verskultur ist, der die geneigte Aufmerksamkeit zeitgenössischer Pädophiler gefunden hat, glauben wir nicht unerwähnt lassen zu sollen. Längst hat man sich abgewöhnt, wie beispielsweise Goethe, maulend, über den «Unsinn der Beschwörungsformeln» sich zu äußern. Kein ernsthafter Forscher würde auch, wie seinerzeit Franz Magnus Böhme, vom «Sinnlosesten und Zerfahrensten» zu sprechen wagen, was Kindermund so mit sich bringt. Vielmehr scheint in ihnen unser eigener Anspruch an die Unschuld in ganz besonderer Weise erfüllt. Was man nur zu gern einräumt, ist ein Bezirk, in dem die allenthalben zurückgedrängte Natur sich gewissermaßen zweckfrei und zeitrein verwirklichen kann, ja selbst notorische Verächter moderner Kunstäußerungen zeigen sich angesichts des einfältigen Geplappers ausgesöhnt mit allem, was sie sonst Unfug heißen.

Hier möchte ich zu bedenken geben, daß der Kindervers sich durch solche Wertschätzungen nicht beeinflussen und an die goldne Kette legen läßt. Die an ihm gepriesenen Eigenschaften sind ihm schlichtweg Hekuba. Die Empfindungen, die er in gerührten und hingerissenen Betrachtern auslöst, lassen ihn kalt, er hat ganz andere Dinge im Sinn. Die Spielregeln, denen er dient, sind nicht die Regeln der Erziehungswelt, schon gar nicht die des fortgeschrittenen Geschmacks. Die Freiheit, die er beansprucht und wahrnimmt, überschreitet gehörig die Grenzen einer lizenzierten Freistatt. Obwohl der Kling-klang-Abzählreim schon einen beachtlichen Schritt fort von der Obhut des Familiengeheges bedeutet, ist er doch längst nicht der letzte, und das voreilige Entzücken am Ele-mele-Kindermund sieht sich schon bald der Tatsache konfrontiert, daß harmloses Geklingel die dubiosesten Verbindungen einzugehen beliebt.

9   Ele mele mittche
    Wer mag Tittche
    Ele mele mu
    Die magst du

10 Ene mene mu
    Keen stinkt nu
    Dat do ick nich
    Dat deist du

11 Icke acke Hühnerkacke
    Icke acke weg

12 Eck Dreck weg

13 Ors Mors af

14 Ele mele micken macken
    Eene Fru de kunn nich kacken
    Nimmt 'n Stock
    Bohrt 'n Lock
    Schitt 'n halben Heringskopp

15 Ene dene dorz
    De Deiwel läßt 'n Forz
    Läßt en in die Hose
    Stinkt nach Aprikose
    Läßt en widder naus
    Und du bist draus

16 Inne dinne durz
    D'r Teifel läßt nen Furz
    Gerade bei dem Kaffeetrinken
    Tät der ganze Kaffee stinken

17 Ri ra rurz
    Der Teufel ließ nen Furz
    Er ließ ihn in ein Butterfaß
    Achherrjeh wie stank denn das

18 Ene mene mopel
    Wer frißt Popel
    Süß und saftig
    Einemarkundachtzig
    Einemarkundzehn
    Und du kannst gehn

Natürlich! Das könnte man immerhin noch als Deftigkeit und Derbheit am Rande einstufen. Derbheit und Deftigkeit sind ja so Gratis-Draufgaben, die man dem Volksmund gar nicht ungern bewilligt, schon weil das Deftige zwanglos auf das Lebenskräftige reimt, und weil sich im Derben – spitzfindig und dünnhäutig möchte schließlich keiner scheinen – eigentlich jede Stammesart erkennen mag. Aber so billig können wir die um die Palme herzlicher Grobheit streitenden Stämme denn doch nicht entlassen. Wer sich hier nämlich einmal aufs Auszählen einlassen sollte, der würde bald feststellen, daß dem so oft berufenen Volksgeist die Obszönität anhängt wie eine zwangsbedingte Mitgift der Natur. Im strikten Gegensatz zu allen idealischen Wunschvorstellungen, bietet sich Unflätigkeit als erstes unveräußerliches Gattungsmerkmal dar. Volksgut entpuppt sich als heimlich gehandelte Schmuggelware, die sehr zu Recht das Licht der Öffentlichkeit scheut. Und all das – wer wagte es auszudenken?! – beginnt nun in der Tat bereits beim lieben Kindervers, von dem man so gerne meint, er drehe sich um sich selbst, ein kleines, feines und von jeder bösen Absicht reines Ringelspiel.

Wirklich hat, was sich im Umgangsvers urkundlich beglaubigt, mit unseren Kulturidealen nur soviel zu tun, als es dagegen spricht. Schon der

Abzählreim ist von dem unbezähmbaren Drang besessen, dem ganzen Verhaltens- und Enthaltungskodex des Erziehungsapparates eins auszuwischen. Was nur eben den Ziehpersonen entkommen (und mit ihm nicht nur solchen Sprüchlein wie jenem vom Daumen, der, wie die Tanten, ohne zu erröten, singen, die Pflaumen schüttelt; sondern einem ganzen Vers gewordenen System willkürlicher Erhöhungen und willkürlicher Abschreckungen), das wirkt nun mit an einer Untergrundpoesie, viel weniger kernig als fäkalisch, und eher aggressiv und ungemütlich als von biederem Eigensinn. Worum es dem Kind zu gehen scheint: der allmächtigen Sozialisierungsmaschinerie für einen Vers lang zu entkommen, und nicht im freien Spiel erst, sondern entschieden schon im Vorspiel, beginnt die Unabhängigkeitsbewegung.

Das ist insofern nicht etwas prinzipiell Neues – das heißt, es kommt nicht erst mit dem Reim und in gebundenen Verserzeugnissen auf die Welt – als die Auflehnung gegen Erziehung als Lustentziehung schon eher einsetzt. Das Bedürfnis, wider das Gebot zu verstoßen, ist eine prompte, durchaus vorliterarische Reaktion auf den Abrichtungsversuch. Unter dem Druck einer Kultivation, die mit planmäßig erzeugten Schuld- und Ekelgefühlen in die Seele des kindlichen Domestikanden einzugreifen trachtet, beginnt die unterworfene Natur schon früh sich als asozial zu begreifen. Die Lust an der Entleerung und Entspannung, aber doch eben nicht nur an dem bloßen Vorgange, nein, auch das elementare Vergnügen, über die ersten Eigenproduktionen selbst zu gebieten und sie ins Spiel mit einzubeziehen, bilden sich unter dem Zwange des Reinlichkeitsgebots zu wahrhaft subversiven Tätigkeiten aus. Da außerdem die Verhaltenserziehung in einen Entwicklungsabschnitt fällt, in dem ein eigener Wille sich zu entfalten beginnt, wird das elterliche Bemühen um Reinlichkeit zu einem Machtkampf ganz besonderer Prägung. Der naturbedingte Lustanspruch rebelliert mit allen zur Verfügung stehenden Trotzmitteln – das sind vorerst noch nicht viele – gegen das Kulturgebot. Das künstlich reglementierte oder unterbundene Bedürfnis beginnt sich selbst zu regulieren: häufig im Widerstand zu den Kontrollmächten und mit entschiedener Zivilisationsfeindlichkeit. So kann denn auch das zunächst nur lustbetonte und wahrhaft zweckfreie Spiel mit den Exkrementen zu methodischem Terror gedeihen. Das Schmierbedürfnis wird zur Tendenzaktion in dem Maße, wie die Erziehungsbevollmächtigten die unschuldsvolle Äußerung zur Quelle stets und ständig fließender Schuldgefühle denaturieren.

Daran ändert auch nichts, daß das Kind im häuslichen Gehege zur Unterwerfung früher oder später einfach gezwungen wird. Die Restriktionsmittel der Erwachsenen überwiegen nun einmal die Ausdauer des mit sehr viel primitiveren Druckmitteln ausgestatteten Naturwesens beträchtlich. Wo aber kindliche Ausdruckslust schon an so früher Stelle gezwungen wird, sich als Verunreinigung zu empfinden, da kann man gewiß sein, daß der Zusammenhang von Produktion und Provokation, von Spiel und Unart nie mehr ganz aus der Welt kommt.

Die sprichwörtliche Lust des Kindes, mit Dreck zu werfen, findet sich selbstverständlich auch im Kinderreim. Was nicht schon heißt, daß sie allenthalben offen zu Tage träte, oder daß sie den Volksgutsammlern immer einsichtig gewesen sei. Auf der einen Seite handelt es sich ja um ein Kulturreich unterhalb der aufgeschlossenen Schichten und abseits einer jedem Beobachter zugänglichen Öffentlichkeit. Zum andern aber hat sich das Interesse an der kindlichen Primitivkultur schon früh mit jenem Kulturimperialismus verbündet, dem Erschließung das gleiche wie Säuberung ist und Erforschung nur ein Synonym für Annexion. Wie breit solches Protektoratsdenken einmal entwickelt war, können wir hier leider nur andeuten. Einen prototypischen Einzelfall möchten wir aber doch kurz vorführen, weil er uns einen wahrhaft erhellenden Einblick in die Fälscherwerkstatt der Volkskunde bietet.

Besagtes Streitobjekt findet sich in einer Broschüre: «Die Abzählreime zwischen Ruß und Gilgestrom, gesammelt von der Lehrerschaft der Memelniederung, zusammengestellt von Paul Lemke, Tilsit 1926.» Es behandelt ein historisches Ereignis, bei dem uns ziemlich gleichgültig sein kann, ob es sich so oder ähnlich jemals zugetragen hat. Es schildert, und da wird es schon interessanter, wie die eigenen Leute den Feind mit List aus der Stadt treiben. Aber gar nicht das lokalpatriotische Anliegen des Verses ist es, das unsern Unmut weckt und unsern Zorn auf den Aufzeichner und Sammler lenkt; sondern jene unter Volkstumsbeflissenen schon habituelle Unredlichkeit, die einfach unterdrückt, was das erwünschte Bild vom sauberen Staatsbürger im Kleinformat beeinträchtigen könnte. «Ohne viel den Sinn zu ändern», so lesen wir bei unserem vaterländisch gesonnenen Sammelmann, «gelang es mir in meiner Not das Wort ‹Rettung› für das letzte Reimwort zu finden.» Und wir beschränken uns darauf zu meinen, daß solcher Unfug allerdings Methode hat und daß sich mit solchen Rettungsversuchen jederzeit die anale Lustvorstellung des Kindes in die nationale Wunschvorstellung seines Erziehers hochläutern läßt.

   1 2 3 4 5 6 7 8 9 10 11 12 13 14 15 16 17 18 19 20
Die Russen zogen nach Danzig
Danzig fing an zu brennen
Die Russen fingen an zu rennen
Ohne Klumpen ohne Schuh
Liefen sie gen Rußland zu

Da kamen sie an eine Brücke die fing an zu knacken
Die Russen fingen an zu racken
Da schrie der Hauptmann: Marsch marsch marsch
Papier zu meiner Rettung

Im allgemeinen toleriert die Gesellschaft an dem, was immer wieder einmal Natur oder Einfalt heißt, nur was ihr moralisch oder ästhetisch vertretbar erscheint. Über das was volkstümlich zu sein hat am Volksgeist entscheiden die Volkswarte. Über das was kindlich zu nennen ist in der Kinderkultur befinden die Kindergärtner. Und was nicht in den Keilrahmen der engsten Konventionen paßt, wird dann – wiewohl es selten die Ausnahme, meist die Regel, oft das Selbstverständliche ist – als anomal und widernatürlich abgewiesen. Freilich: der Verdrängungsmechanismus, der hinter solchen Säuberungsaktionen waltet, ist als solcher immer leicht durchschaubar; und was sich selbst als Bewußtseinshygiene empfinden mag, zeigt Züge von Koprophagie.

Womit nicht mehr gesagt werden soll, als daß wir – die wir uns zu Prohibitionsakten nicht ermächtigt fühlen – dem Kindervers seine eigenen Interessen abfragen wollen. Sie sind ja auch so furchtbar schwer nicht zu entdecken. Hat man sich nur erst einmal frei gemacht von all jenen falschen Ansprüchen, die man gemeinhin an die unschuldige Materie stellt, und ist man demokratisch genug, die Mehrheitsmeinung zu akzeptieren, dann offenbart sich einem die Wahrheit des Kinderreimes, insbesondere des Abzählreimes, sehr bald als Symbiose von Freiheitsbedürfnis und analer Aggression. Auf den einfachen Reim eines Zweizeilers gebracht, lautet sie: «Dries in de Pott / Un du biss fott.» Will sagen: erst wo das tabuierte Reizwort ausgesprochen ist, beginnt die Freiheit. Erst nach der symbolischen Gesetzesübertretung ist der Bann gebrochen, das Spiel möglich. Erst wo sich das unterdrückte Naturanliegen Luft verschafft hat, kann es heißen: du bist raus, du bist frei, du bist ab.

19 Salamander (Alexander) (Zarah Leander)
    Arsch auseinander
    Arsch wieder zu
    Raus bist du

20 DKW
    Scheißt in den Schnee
    NSU
    Raus bist du

21 Rennfahrer Stuck
    Scheißt in die Guck
    Leert sie wieder aus
    Du bist draus

22 Catherina Valente
    Hat nen Kopf wie ne Ente
    Hat nen Arsch wie ne Kuh
    Raus bist du

23 Drei Polizisten
    Pißten in die Kisten
    Einer pißt vorbei
    Und du bist frei

24 Eine kleine Micki
    Muß mal Pipi
    Macht vorbei
    Du bist frei

25 1 2 3 4 5 6 7
    Hockt a Äffla auf der Stiegn
    Putz sei schmutzigs Ärschla aus
    Bim bam boli
    Du bist draus

26 Wenn der Aff aaf Dscheißn geiht
    No geiht er hindas Haus
    Und wenn er koa Papia net hot
    No wischt er mit der Faust
    Ios zwei drei und du bist draus

27 Hinter einer Lokusmauer
    Saß der Doktor Adenauer
    Hatte kein Papier
    Raus mit dir

28 Ein Elefant aus Sachsenhausen
    Ließ einen Furz ins Telefon sausen
    Ließ en widder naus
    Und du bist draus

29 1 2 3 4 5 6 7 8 9
    Wie heißt dein kleiner Freund?

Herbert!
Herbert hat ins Bett geschissen
Gerade aufs Paradekissen
Mutter hat's gesehn
Und du kannst gehn

30 Es war einmal ein Mann
Der hieß Bimbam
Bimbam hieß er
In die Hosen schiß er
Putzt sie wieder aus
Und du bist raus

31 Dicker Moppel kann nicht laufen
Muß sich erst ein Auto kaufen
A B Bus
Der dicke Moppel muß

32 Ich und Öttchen
Sitzen aufm Pöttchen
Pup macht Öttchen
Weg mit Pöttchen

33 Eine kleine Dickmadam
Fuhr mal mit der Eisenbahn
Eisenbahn die krachte
Dickmadam die lachte
Setzte sich ins grüne Gras
Machte sich die Hosen naß
I – a – u
Raus bist du

34 Wir machen keinen langen Mist
Und du bist

35 Eine kleine Mickymaus
Zog sich ihre Hosen aus
Zog sie wieder an
Und du bist dran

Ob es bei solcher Eindeutigkeit des Auswahlprinzips ein bloßer Zufall ist, wenn sich bei den letzten beiden, leicht abweichenden Versen das obligate «Du bist raus» durch ein «Du bist» oder «Du bist dran» ersetzt zeigt, wage ich nicht zu entscheiden. Immerhin scheint es mir ein wenig verdächtig, wenn dort, wo der anale Knalleffekt verweigert wird, der Auswahlmechanismus in umgekehrtem Sinne funktioniert und statt des Freispruchs der Haschauftrag erfolgt. Es kann aber kein Zweifel darüber bestehen, daß in den näheren Umkreis der hier zitierten Freistellungsverse noch sehr viele andere gehören, die den Vorgang verhüllter zur Sprache bringen. Solche Verse mögen vielleicht weniger offensiv erscheinen, sie wecken aber über das Symbol und die Anspielung genau die erwünschten Assoziationen und lenken die Phantasie über das Sinnbild zu den üblichen Entladungsvorstellungen.

36 Abraham und Isaak
  Schlugen sich mit Zwieback
  Der Zwieback ging entzwei
  Abraham legt ein Ei

37 Rolle Rolle Möpschen
  Roll ins Töpfchen
  Roll wieder raus
  Und du bist draus

38 1 2 3 4 5 6 7
  In der Straße Nummer sieben
  Wackelt das Haus
  Piept die Maus
  Kuckt ein altes Weib heraus
  Ham Se nich mein' Mann gesehn
  In der roten Büx vorübergehn
  Hinten kuckt das Hemd heraus
  Ix ax ux und du bist raus

39 Ich fahr mit mein Automobil
  Von Hamburg nach Kiel
  Von Kiel bis nach Bonn
  Da platzt ein Ballon

III Licht aus, Licht aus

Woher er kommt, historisch, und auf welche Vor- und Uraltmuster sich der Kinderreim im einzelnen bezieht, ist uns so dunkel wie jenen Mystagogen des Brauchtums, die auf die letzten Gründe abonniert sind. Weniger dunkel dagegen scheint, welchen Absichten er nachkommt, und was für Interessen ihn am Leben halten. «Jede Kindergruppe», so lesen wir bei der trefflichen, wenngleich durch sozialpädagogische Zielsetzungen leicht voreingeschränkten Hildegard Hetzer, «jede Kindergruppe, die sich einigermaßen in Ruhe entwickeln kann, hat noch ihre vom Erwachsenen unabhängige Überlieferung von kindlichem Kulturgut.» Und um nur ja keine Mißverständnisse aufkommen zu lassen, beeilen wir uns, zu ergänzen, daß diese Unabhängigkeit kein Status quo ist, sondern ein ständig gefährdeter, immer wieder neu zu konstituierender Zustand.

Wer dabei an ein sozusagen Naturreich primitiver Ausdrucksformen denkt, in denen die Unschuld sich fort laufend regeneriert, dürfte aber wohl doch einer romantischen Idealvorstellung aufsitzen. Dagegen spricht die Beobachtung – und wir beziehen uns wieder auf unseren schon mehrfach erwähnten, hier nicht in Gänze vorführbaren Fundus –, daß der Volksmund schon als Kindermund zur Widerrede aufgelegt ist, und daß sich Autonomie am letzten von selbst einstellt. Nichts ist es mit dem vielberufenen, dem stillen Insichruhen, das immer für ein sicheres Merkmal ursprünglicher Schöpfung gilt. Im Gegensatz zur schönen Meinung von ihr, weiß die Unschuldszunge sehr wohl, was sie will: wider den Stachel löcken und im Kreise von Gleichgesinnten, Gleichgestimmten die Aufrührmelodie ertönen zu lassen, den Gegengesang. Und das Paradies? Findet an tausend Straßenecken und in tausend Schlupfwinkeln täglich statt, wo Kinder sich zu gemeinsamen Unabhängigkeitserklärungen zusammenfinden.

Das erste geschlossene Ordnungssystem, das das Kind einbeziehen möchte, und dem sich das Kind auf seine Art zu entwinden sucht, ist der Schoß der Familie. Der ständige Zwang zu Artigkeiten und Ergebenheitsbekundungen, ja die gemütliche Adhäsion selbst, die solch ein Verband schon durch den ständig gegebenen Tuchfühlungszwang entwickelt, werden oft als lästig empfunden, widrig, unwillkommen. Der geforderten Integration in den Clan stellt sich der Wunsch nach einer eignen Welt entgegen, mit eignen Geheimnissen, eignen Spießgesellen und – einem eignen kleinen Überbau aus Versen, Strophen, Sprüchen.

Auch die häusliche Pädagogik besitzt zweifellos einen Stammvorrat hausbackenen Spruchwerks. «Wer nicht kommt zur rechten Zeit», mahnt man das Spielkind, «der bekommt was übrigbleibt.» «Wer einmal lügt dem glaubt man nicht / Und wenn er auch die Wahrheit spricht»: Mit solchen und ähnlichen Pressionen versucht man dem kleinen Phantasierer die Grillen auszutreiben. Oder es heißt ganz einfach und bündig: «Kinner mit'n Willen / Kriegt wat op de Brillen», ein Vers, der das Erziehungsproblem gewissermaßen im Handstreich und auf einen Schlag löst. Wenn solche Didaktik der starken Hand allerdings meinen sollte, daß sie allein des Reimes mächtig und daß mit dem Reim notwendig auch das Gesetz auf ihrer Seite wäre, dann müssen wir sie – wofern sie es vergessen haben sollte – belehren, daß praktisch jedes versifizierte Gebot auf genau so gut gereimten Widerstand stößt. Respektlos vor den eingebleuten Eigentumsbegriffen singt das kindliche Schandmaul: «Willst du mit / Zu Herrn Schmidt / Übern Zaun / Äpfel klaun.» Der Aufforderung zu brüderlichem Wohlverhalten entgegnet man: «Liebe Kinder zankt euch nicht / Spuckt euch lieber ins Gesicht.» Und wo die Verhältnisse nun mal so liegen, daß die Erwachsenen mit dem Rohrstock immer den längeren Hebel in der Hand haben, was Wunder, wenn das Kind sich zumindest mit Verbalinjurien schadlos zu halten sucht.

1 Du sollst deinen Vater und deine Mutter ehren
  Und wenn sie dich schlagen so sollst du dich wehren

2 Du sollst deine Eltern lieben
  Wenn sie um die Ecke glotzen
  Sollst sie in die Fresse rotzen

3 Schacht vergeht
  Arsch besteht!

«Diese Beispiele mögen genügen», so wieder Hildegard Hetzer, «um zu zeigen, wie wichtig es ist, von der Schule her die volkstümliche Kinderüberlieferung zu beachten, ihr Raum zu schaffen, in dem sie sich entfalten kann, und sie zu bereichern.» *Diese Beispiele?* Nun, selbstverständlich nicht. Und ich gestehe ja auch schon, daß es frivol war, die inkommensurablen Zitate so nah aneinander zu rücken. Die Konfrontation hat aber doch ihren Sinn insofern, als sie noch einmal auf die falschen Voraussetzungen hinlenken möchte, die selbst das innigste Bemühen um Verständnis vom Gegenstande seiner Neigung trennen. Befragt nach dem, was sie denn eigentlich unter Kinderkultur verstünde, vermag nämlich auch die Kinderpsychologie nur konventionelle Antworten zu geben. Das Material, an das sich ihre pädagogischen Wünsche knüpfen, ist so unmaßgeblich, wie es die gereinigten und nach försterischen Gesichtspunkten angelegten Kompendien zur Verfügung stellen. Die Tatsache, daß sich die frühen Kulturäußerungen der Kinder, unserer Kinder heutzutage, nicht mit ethnologisch bestimmten Begriffen von Primitivkultur erfassen lassen, scheint sich noch nicht herumgesprochen zu haben. Überhaupt hat es den Anschein, als ob man heute über die Probleme der Heranwachsenden in Neuguinea besser Bescheid wüßte als über seelische Verhältnisse bei uns zu Haus und draußen auf unseren Spielplätzen.

Vergebens habe ich mich nach irgendwelchen Hinweisen umgesehen, aus denen ein Verständnis der Volkskultur als Gegenkultur hätte erhellen können, das aber ist sie unbedingt. Auch handelt es sich bei der Kinderpoesie unserer Tage nicht nur um einen gewissen Versvorrat, der, einer kindlichen Anschauungsweise angemessen, von Kindern auseinandergetragen und von Kindern erweitert, verwandelt und umfunktioniert wird. Genau so wichtig wie der sichtbare Adressat ist hier der unsichtbare. Und über den Charakter einer Strophe entscheidet sowohl *an wen* sie sich wendet als auch *gegen wen* sie sich wendet. «Kindermund tut Wahrheit kund», sagt zwar auch der in allen Regeln der Anpassung erfahrene Erwachsene gelegentlich mit einem sentimentalen Blick auf die spontan und schön und unverbogen ihn bedünkende Unmittelbarkeit der kindlichen Meinungsäußerung. Fragt sich nur, ob die geheime Hoffnung, man könne sich als präter propter förderndes Mitglied der Kindergesellschaft anschließen, in deren eigner Wahrheit noch mit unterzubringen ist.

4   Eia bruun Foß
    Mein Vadder is 'n Oß
    Mien Mudder is 'n Susewind
    Eia bruun Suse
    Wo wânt denn Peiter Kruse
    In de Bodderkaukenstroot
    Wo all de lütt Deerns op Holschen goht

5   Schlaf Kindlein schlaf
    Deine Mutter ist ein Schaf
    Dein Vater ist ein Trampeltier
    Was kannst du armes Kind dafür
    Schlaf Kindchen schlaf

6   Schlaf Kindchen schlaf
    Dein Vater ist ein Schaf
    Deine Mutter das ist auch son Schwein
    Nun schlaf du liebes Kindelein

7   Der Vadder hat kein Arvett
    Die Mutter leit im Bett
    Die Kinnersche hucke uffm Heepsche
    Un scheiße um die Wett

8   Im tiefen Böhmerwald
    Da wurd der Kaffee kalt
    Da hab ich neingefatzt
    Da ist der Krug zerplatzt
    Da kam die Mutter rein
    Und sprach du altes Schwein
    Wenn das noch mal passiert
    Dann kriegst den Arsch rasiert

9   Müde bin ich geh zur Ruh
    Decke mich mit Kuhdreck zu
    Kommt der böse Feind herein
    Faßt er in den Kuhdreck nein

10 Ich bin klein
    Mein Herz ist rein
    Mein Arschloch ist schmutzig
    Ist das nicht putzig

11 Ich bin klein
    Schlaf nie allein
    Mein Herz ist schmutzig
    Ist das nicht putzig

Weil der Kindervers seine Anlässe und Motive aus dem Alltagsleben bezieht, ist auch kein Sonntagsstaat mit ihm zu machen. Hans Magnus Enzensberger spricht beiläufig seines Sammelbandes «Allerleihrauh» einmal von dem von «Erwachsenen eingeschwärzten Falschgeld des Gefühls», das in seiner Auslese keine Aufnahme gefunden habe. Recht so! Blüten wie das zur Abschreckung zitierte «Jesulein klein / Mach mein Herzlein rein» gehören nun einmal nicht in ein Buch mit Kinderversen, und wer Erbauung sucht, der hält sich besser an Predigt und Traktätchenliteratur. Damit ist das entscheidende Problem, vor das sich ein Anthologist von Kinderreimen gestellt sieht, aber noch lange nicht aus der Welt. Die nächste Frage wäre nämlich, ob er – wenn er auf törichte Gebetchen verzichtet – die auch nicht gerade delikate Umdichtung solcher Gebetchen mit aufnehmen würde. Die übernächste: ob es denn überhaupt einen höheren Grund gibt, von dem aus sich die Sammlung und Verzeichnung ästhetisch recht belangloser Texte rechtfertigen ließe. Und hier nun muß ich etwas barsch antworten, daß wer der Wahrheit die Ehre geben will, sie mit den unansehnlichen Pfennigstücken einzulösen hat, die nun einmal gültige Währung sind. Mit blankgeputzten Dukaten und Maria-Theresia-Talern kann sich kein Mensch aus der Affäre ziehn. Mit ästhetischen Rechtfertigungen, wie sie neben moralischen immer mehr in Mode kommen, zielt man an der Wahrheit des Gegenstandes vorbei, das ist kein Weihegegenstand, nicht einmal ein nobler Gebrauchsgegenstand, wie er zum Beispiel bei Enzensberger erscheint; denn wenn er überhaupt unter einer dominanten Eigenschaft begriffen werden kann, wohl am ehesten noch als Streitgegenstand.

Daß er den Streit sucht und auf Anstoß aus ist, daran kann jedenfalls kein Zweifel sein. Alles andere als schmeichelhaft ist der Einblick ins deutsche Familienidyll, der hier gewährt wird. Was von demütiger Gottergebenheit zu halten ist, das zeigen uns nicht zuletzt zahllose Parodien auf fromme Sprüche und Gebete. Die Verballhornung von Schlaf- und Wiegenliedern (auch solch ein fester Typus in der kindlichen Versüberlieferung) nimmt offensichtlich böse Rache für all die Kiepen – Schweden-, Hippen-, Schwarz- und Butzemänner –, mit denen das Kind einmal in den Schlaf gescheucht wurde. Schließlich kriegen wir es aber mit einer fast noch garstigeren Art von Versen zu tun: die nehmen sich heraus, am letzten Schleier der Erwachsenengeheimnisse zu zupfen, und sich Gedanken darüber zu machen, was denn die Großen treiben, wenn sie unter sich sein wollen.

12 Licht aus, Licht aus
    Mutter zieht sich nackend aus
    Vater holt den Dicken raus
    Einmal rein einmal raus
    Fertig ist der kleine Klaus

13 Ick weet 'n Witz
    Mien Mudder hätt'n Ritz
    Mien Vadder hätt'n Rhabarberstang
    Door mookt he de lütten Kinner mit bang

14 In der Nacht in der Nacht
    Wenn die Fliegerbombe kracht
    Und der Bauch explodiert
    Kommt das Kind herausmarschiert

Bedürfte es eines Ausweises für die «Echtheit»! und «Natürlichkeit»! von Kinderversen, hier übrigens wäre einer, wenn auch wohl nicht der

Art, wie man sie gern sähe. Wie wenig nämlich die viel geschmähte Unanständigkeit z. B. des Abzählreims – auch und gerade wo er sein Vokabular aus der Analsphäre bezieht – für unkindlich gelten kann, so deutlich steht hier eine wahre Einfaltsoptik für eine kindgemäße Anschauung von der Welt.

Daran ändert auch nichts, daß es sich bei vielen Kindersängen anscheinend nur um böswillig zersungene Schlager und Gedichte handelt. Im krassen Gegensatz zu einer romantischen Heilsvorstellung, die vom unschuldigen Kindermund sich Offenbarungen in erster Instanz erwartet, hat dieser selbst wohl meist aus zweiter Hand gelebt. Literarische Originalität oder Ursprünglichkeit, wenn man denn diese Trennung einmal machen will – obwohl, was hier unterschieden wird, so schief getrennt scheint wie die alten Geisterantipoden Kultur und Zivilisation –, sind kaum von ihm zu erwarten. Auch wird ein Erstgeburtsstreit vermutlich meist zu Gunsten des Kunstproduktes ausfallen. Trotzdem möchten wir gerade an dieser Stelle und im Hinblick auf so wenig feine Persiflagen betonen, daß die Natur sich oft bestens gegen die Literaturvorlage zu behaupten vermag. Die Rücksichtslosigkeit im Umgang mit literarischen Fertigfabrikaten führt häufig zu Texten, die noch haften, wenn die Erinnerung an die Vorlage längst verblaßt ist. Die parasitäre Ausnutzung vorgegebener Strophen entschuldigt sich nicht nur als nennen wir es einmal freibeuterisches Naturverfahren; sie kann durchaus einmal ein erkünsteltes Original erst richtig aktivieren. Und selbst wenn man die Subpoesie unserer Tage unrettbar abhängig nennen will, eben weil sie weniger erfindet als vorgefundener Attrappen sich bedient, so zeigt sich doch gerade im Umgang mit der Schnulze, dem Rührstück, dem versifizierten Bildungsklischee, wer letztlich die Oberhand behält.

Aber das sind nun bereits Ausblicke auf Späteres. Interessanter in unserem Zusammenhang ist sicher die Frage, wieweit der Kindervers einer Aufgabe nachkommt, die eigentlich in die Verantwortlichkeit der Erwachsenen fiele: ich meine die der Aufklärung. Verse wie die zuletzt genannten, stehen ja nicht für sich allein und auch nicht nur für die Lust an der Zote. Wenn sich da ganze Schöpfungsmythen zum groben Schema reduziert, wenn sich die Geheimnisse von Zeugung und Geburt und vom Unterschied der Geschlechter in einfachsten Bildern und Vergleichen dargestellt sehen, dann erhalten wir Einblick in einen Informationsapparat, dessen Lehrmittel und Anschauungsmaterialien vollkommen auf das Fassungsvermögen des Kindes zugeschnitten sind. Freilich, auch die etwas zweifelhafte Verbindung von Wissensgier und Bloßstellungslust hängt ursächlich mit der verweigerten Aufklärung zusammen. Wo es auf der einen Seite Geheimnisträger und Rechtsinhaber gibt, auf der anderen Fehlinformierte und Zukurzgekommene, da ist es nur zu ver-

ständlich, wenn die Benachteiligten sich weiszumachen suchen, das so
ängstlich gehütete Geheimnis sei gar keine große Kunst, eher ein Witz,
und nichts, was den Autoritätsanspruch der Großen ansehnlich legitimieren könnte.

15 Wer reitet so spät auf Mutters Bauch
    Das ist der Vater mit seinem Schlauch
    Er hält sich an den Titten fest
    Daß es sich besser ficken läßt

16 Leise zieht durch Mamas Bauch
    Papas lange Gurke
    Und schon nach neun Monaten
    Kommt ein kleiner Schurke

17 In der Berliner Fickanstalt
    Werden die Mädchen festgeschnallt,
    Hose runter Beine breit
    Ficken ist ne Kleinigkeit

18 Weisheit sieben
    Steht geschrieben
    Wie die Weiber
    Kinder kriegen

19 Leut Leut
    De Deerns de hebbt 'n Fleut
    De Jungs de hebbt 'n Zuckerstang
    Door mookt se all de Deerns mit bang

20 Lakritzen Lakritzen
    Die Mädchen haben Ritzen
    Die Jungens haben 'n Hampelmann
    Da ziehen die Mädchen gerne dran

21 Guete Appetit
    D' Wiber seiche wit
    D' Buebe seiche witer
    Mit em längere Bigger

22 Zitrone Banane
    An der Ecke steht ein Mann
    Zitrone Banane
    Er lockt die Mädchen an

Zitrone Banane
Er nimmt sie mit nach Haus
Zitrone Banane
Er zieht sie nackend aus
Zitrone Banane
Er nimmt sie mit ins Bett
Zitrone Banane
Er macht sie dick und fett
Zitrone Banane
Und dann in einem Jahr
Zitrone Banane
Da ist das Kindlein da

23 Samsonstraße eins
Wohnt der Onkel Heinz
Samsonstraße zwei
Wohnt die Lorelei
Samsonstraße drei
Geht an ihr vorbei
Samsonstraße vier
Klopft an ihre Tür
Samsonstraße fünf
Zieht an ihre Strümpf
Samsonstraße sechs
Zeigt ihr sein Gewächs
Samsonstraße sieben
Fängt er an zu schieben
Samsonstraße acht
Ist das Werk vollbracht
Samsonstraße neun
Ist der Bauch geschwolln
Samsonstraße zehn
Ist das Kind zu sehn

24 Der Mensch der ist ein Erdenkloß
Gefüllt mit roter Tinte
Das Arschloch ist ein Taler groß
Und vorne hängt die Flinte
Darunter hängt der Pulversack
Gefüllt mit zwei Patronen
Und hinten ist der Kriegsschauplatz
Da donnern die Kanonen
Und wenn der Arsch Geburtstag hat
Dann spielt die Votze Zither

> Dann springt der Piedel aus dem Bett
> Und denkt da ist Gewitter.

Sich trübe Gedanken zu machen, weil die Einweihung in die sogenannten Geheimnisse des Lebens so eng mit der Entweihung verknüpft, scheint mir müßig. Beim Entwicklungsstand unseres Kulturkreises, dem das Sexuelle schon lange kein Mysterium mehr ist, sondern allenfalls eine durch Reiz- und Verhütungsmittel einerseits, durch Enzykliken und Gerichtsverordnungen zum anderen bestimmte Tabuzone, hat man sich wohl damit abzufinden, daß der mit seiner Wissensgier Alleingelassene sich seinen schlimmen Reim auf die zweideutigen Sachen macht. Immerhin verfügen wir ja noch nicht über eine zivilisierte Aufklärungspädagogik, die für kindliche Fragen die rechte Lektion bereithielte. Die Initationsriten und Pubertätsweihen der Tiefkulturen haben bis heute kein sexualpädagogisches Äquivalent gefunden. So bleibt Erkenntnisgewinn auf dem gedachten Terrain weithin der Initiative der Kinder selbst überlassen, die billigerdings nun ihrerseits geschlossene Gesellschaft spielen und als heimliche Ware handeln, was ihnen an Unterweisung vorenthalten wurde. Und der Kindervers? In seinem gerechten Bemühn, Erkenntnisträger zu sein und Aufklärung zu verbreiten, sieht er sich dennoch nur wieder in den Untergrund verwiesen und zu subversiver Tätigkeit veranlaßt.

Verwunderlich bei aller Verzotung bleibt, daß Informationsvermittlung und Geheimnisverrat sich spielerisch organisieren und – seien es noch so primitive – Regeln der Kunst sich unterordnen. Wie kindliches Erkenntnisbedürfnis sich auch anderweitig, zum Beispiel im Doktor- oder im Schlachtespiel, bestimmter Rollen bedient, und die Enthüllung sich gern in einem Medium vollzieht, so wird auch hier das fragwürdige Geheimnis mitnichten nackt ans Licht gebracht. Noch das plumpeste Bemühen um Reim und rhythmische Gliederung verweist auf die Schranken, die die Ungezogenheit sich setzt. Noch der rüdeste Anstandsverstoß respektiert im Versmaß ein höheres Ordnungsprinzip. Auch darf die Grobschlächtigkeit gewisser Bilder und Symbole nicht darüber hinwegsehen machen, daß – abstrahiert einmal von der analmilitaristischen Farce vom Erdenkloß – die Entlarvung meist über eine botanisch sublimierte Metaphorik sich vollzieht.

Was wir außerdem festhalten möchten, ist, daß die volkstümliche Kinderpoesie, die man sich so gern als kunterbuntes Durcheinander von Formen, Interessen, Ausdrucksweisen vorstellt, doch recht bestimmte Sinn- und Funktionstypen ausgebildet hat. Das mag am ehesten ermessen, wer jemals die Möglichkeit und das Mißvergnügen hatte, aus einem Haufen moderner Kunstgedichte eine einigermaßen sinnreich gegliederte Anthologie zurechtzusortieren. Während dort wirklich alles durcheinanderzugehen scheint, und kaum ein Gedicht sich auf eine Kategorie, eine Rubrik, eine nach Sinn und Form begrenzte Abteilung verpflichten lassen will, können wir hier, aufatmend, feststellen: daß sich das scheinbare Chaos selbst noch im Unsinn differenziert und daß sich der Ordnungsverstoß getreu an die Formate und Funktionen seiner Gegenstände hält.

Schon Autorität ist dem Kindervers keineswegs gleich Autorität. Die Herausforderung durch den Kinderstubengeist wird wesentlich anders aufgenommen als, meinetwegen, die Herausforderung durch den Klassenzimmermief. Der Abzählvers vertritt ganz andere Interessen als vielleicht die Aufklärestrophe. Der Reim, den man sich auf den Polizisten macht, unterscheidet sich durchaus von der Antwort, die man dem Lehrer erteilt. Und, schließlich, werden Vater und Mutter in anderem Sinn zu Spottfiguren als der Großvater und die Großmutter. Während das Bild der Eltern eindeutig geschlechtstypisch geprägt ist, und sich im Elternspott die genitale Anzüglichkeit mit einer offensiv getönten Respektsverweigerung verbindet, zeigt das Bild der Großeltern fast immer Züge einer anal präokkupierten Komik. Der Großvater und die Großmutter sind, und das im Gegensatz zu ihren Namen, nicht gerade Großfiguren, gegen die man sich mit Zähnen und Klauen zur Wehr setzen muß. Sie sind eigentlich eher den Kleinen zuzurechnen, die, wie sie, ihre Körperfunktionen nicht recht in der Gewalt haben. Etwas taprig und etwas blöde, etwas kindisch und etwas verrückt, werden sie mit einer Entwicklungsstufe identifiziert, die die Viertel- und Achtelwüchsigen längst glauben hinter sich zu haben, und über die sie sich mokieren mit allem Hochgefühl der frisch erworbenen Fertigkeit.

25   Oma und Opa
     Seeten opn Sofa
     Oma meuk pup
     Und Opa kneep ut

26   Oma und Opa
     Saßen auf'm Sofa
     Sofa riß
     Opa schiß

27   Oma und Opa
     Saßen auf dem Sofa
     Opa läßt einen fliegen
     Oma muß ihn kriegen

Opa pißt ins Ofenloch
Oma denkt der Kaffee kocht

28 Oma und Opa
Saßen auf dem Sofa
Oma läßt einen fliegen
Opa muß ihn kriegen
Oma holt ne Zigarrenschachtel
Opa fängt ihn sachte sachte
So mein Pup jetzt bist du mein
Sollst nicht mehr umherfliegend sein

29 Omachen und Opachen
Saßen in der Laube
Warfen sich mit Leberwurst
Opachen ins Auge

30 Grootmudder mit de Füerkiek
In'n Butendiek
Sammelt Schoopschiet
För de Hochtied

31 Grootmudder kann ehr Bett nich finn'
Fallt vör Schreck in' Pißpott rin
(Fallt vör Schreck in de Sirupstünn)

32 Freut euch des Lebens
Großmutter wird mit der Sense rasiert
Alles vergebens
Sie war nicht eingeschmiert

33 Meine Oma hat Klosettpapier mit Blümchen
Mit Blümchen mit Blümchen
Meine Oma ist ne ganz patente Frau

34 Meine Oma hat nen Bandwurm der gibt Pfötchen
Gibt Pfötchen gibt Pfötchen
Meine Oma ist ne ganz patente Frau

35 Meine Oma hat nen Nachttopf mit Beleuchtung
Beleuchtung Beleuchtung
Meine Oma ist ne ganz patente Frau

36 Der Mai ist gekommen
Die Pferde schlagen aus

Der Bauer im Nachthemd
Die Treppe runtersaust
Die Hühner im Stalle die spielen Klavier
Die Oma auf dem Nachttopf
Die schreit nach Papier

IV Respektspersonen

Der Kindervers dreht sich weder von selbst noch um sich selbst. Es ist nicht zuletzt der Aggressionstrieb, der ihn in Marsch setzt und in Bewegung hält, und überall, wo sich die Interessen der Kinder gefährdet sehen, da haut er zu und stichelt, schmäht und stellt bloß, plappert die Wahrheit aus und stellt die als ungerecht empfundenen Verhältnisse auf den Kopf.

Mit solchem Verhalten steht er freilich nicht allein. Auch hier ist er nur ein Zweig, eine besondere Pflanzenart im großen Reich der populären Kreationen; nur daß sich eben bei ihm der rebellische Impetus am ersten zeigt, und daß eine ganz besonders beschaffene Umwelt auch ganz besondere Reaktionen und Verwahrungen heraufruft. Man darf nämlich nicht vergessen, daß Umwelt für das Kind immer auch Überwelt bedeutet. Neben den lieben Großen, oder hinter ihnen, stehen die überlebensgroßen Stellvertreter, die die Unart strafen und die Tugend eintreiben sollen. Neben wortwörtlichen Ermahnungen und Verweisen gibt es noch jene personifizierten Kinderscheuchen, die mit Säbel, Besen und Rute über das Gesetz wachen, und die, mit wahrhaft gespenstischen Kopfbedeckungen versehen, bereits von weitem als Respektspersonen erkennbar sind. Ob Tschako, Zylinder oder Zipfelmütze, ob Uniformrock, schwarze Kluft oder roter Mantel, ob Polizist, ob Schornsteinfeger oder Weihnachtsmann, schon das exotische Äußere signalisiert Gefahr; und wo dem Kind das Beten beigebracht wird, da sieht sich dieses unversehens selber ins Gebet genommen:

> Lieber guter Weihnachtsmann
> Schau mich nicht so böse an
> Stecke deine Rute ein
> Ich will auch immer artig sein.

Aber der Kindervers, ich meine der Vers, der nicht erst durch die Hände der Eltern gegangen ist, bevor er das Kind erreicht, oder auch der Vers, den die Kinder den Erwachsenen aus der Hand genommen haben, läßt sich auf Bangemacherei partout nicht ein. Das ist an sich nicht selbstverständlich. Gemeinhin, wo man über die kindliche Seele sich klar zu werden sucht, läßt man ja wahre Zauberblumen aus dem grünen Tisch der Theorie schießen und dämonisiert die kleine Primitivperson zu einem in magische Vorstellungen rettungslos verstrickten Naturwesen. Das ist zwar in gewisser Hinsicht richtig – zumindest in dem Sinne, wie auch der erwachsene Mensch der Neuzeit, und selbst der aufgeklärteste, immer wieder gern zu magischen Praktiken und magischen Bewältigungsversuchen regrediert –, die andere Seite der vertrackten Wahrheit sieht aber so aus, daß gerade der Kinderreim sich ungern etwas vormachen läßt. Statt auf bloßen Gegenzauber, treffen wir auf eine rabiate Lust an Entzauberung. An Stelle ängstlichen oder erwartungsvollen Wunderglaubens bietet sich uns Neugier dar, Kritik, Entlarvungsfreude, Wißbegierde, Enthüllungslust – all solche Eigenschaften, die man beim Kind vermutlich weniger gern entwickelt sieht, als eben Dämonenfurcht und Autoritätsbänglichkeit.

1 Wenn de Nigge-nagge
   An de Häuser kagge
   Kimmt de Schutzmann
   Schreibt se uff
   Seggt de Niggenagge:
   Laß misch woiderkagge
   Wann isch ferdisch bin
   Her isch uff

2 Links links
   Hinterm Schutzmann stinkts
   Hinterm Schutzmann steht ein Mann
   Läßt ein' Wind und läuft davon.

3 Schiffe ruhig weiter
   Bis der Schutzmann spricht
   Geh ein Stückchen weiter
   Hier wird nicht geschifft

4 Meine Oma fährt Motorrad
   Ohne Bremse ohne Licht
   Und der Schutzmann an der Ecke
   Dieser Döskopp sieht es nicht

5 Laura, der Schutzmann kommt
   Nimm dich wohl in acht
   Sonst wirst du eingesperrt
   Eine ganze Nacht

6 Griet, dun de Memmen erus
   Es küt ne feine Heer
   Griet dun de Memmen erin
   Es küt ne Kommissär

7   Udel Udel Udel
    Üm de Eck door kummt en Schudel
    Nu loopt wie fix
    Sonst hett he uns glieks
    Bi de Büx

8   Kommt der Polizist
    Schreibt dich auf die List
    Kommt die Polizei
    Macht dich wieder frei

9   Schuh – Po – Hals – Maul

10 Schornsteinfeger
    Schwarzer Neger
    Sitzt auf'm Dach
    Flickt sein' Jack

11 Schosteenfeger sitt op'n Dack
    Flickt sien Jack mit Priemtabak

12 Schornsteinfeger Litterbär
    Schieb die Kugel hin und her
    Schieb sie nicht zu weit
    Sonst kriegst 'n altes Weib

13 Schornsteinfeger Klante
    Geht zu seiner Tante
    Läßt sich 'n Stückel Kuchen geben
    Sagt noch nicht mal: danke

14 Schornsteinfeger Lampe
    Geht nach seiner Tante
    Frißt den ganzen Kuchen auf
    Sagt noch nicht mal: danke

15 Kindlkiara
    Hubbf aaf Dhäich
    Hosd an Bugl
    Fola Fläich

16 Kindlkiara
    Raachaafdschiara
    Boanabeissa
    Hosnscheissa

17 Lieber guter Weihnachtsmann
    Schau mich nicht so böse an
    Gib die Geschenke her
    Dann scher

18 Die Kerzen brennen am Weihnachtsbaum
    Und die Geschenke sieht man kaum

19 Rupprecht Rupprecht guter Gast
    Hast du mir was mitgebracht?
    Hast du was dann setz dich nieder
    Hast du nix dann geh man wieder

20 O Tannenbaum O Tannenbaum
    Der Weihnachtsmann will Äpfel klaun
    Er zieht sich grüne Kleidung an
    Damit er sich besser tarnen kann

21 O Tannenbaum O Tannenbaum
    Der Weihnachtsmann will Äpfel klaun
    Er zieht sich die Pantoffeln an
    Damit er besser schleichen kann

Was steckt an Absicht hinter solchen Versen? Ich meine, was läßt sich möglicherweise als eine verbindende Moral herausstellen, als ein gemeinsames fabula docet? Nun, wenn wir einmal über die immer präsente Anrüchigkeit hinwegzusehen vermögen, dann erkennen wir einen übergreifenden Nenner vor allem in dem furchtlosen Umgang mit den Gespenstern einer Horrorpädagogik. Der Polizist, so lernen wir, so belehren die Kinder sich untereinander, ist keineswegs der uniformierte Liebegott, der alles sieht und alles ahndet; viel eher ein Dummkopf als ein Alleswisser, ist er im Grunde leicht zu hintergehen, man sollte sich nur nicht gerade auf frischer Tat von ihm ertappen lassen. Der schwarze Mann und Schornsteinfeger hat vollends nicht das Zeug zu einem Tugendwächter; man kann ihn daher auch ungestraft verhöhnen und ihm die Läuse in den Pelz wünschen. Und wo sich diese Drohmänner schon so leicht als Strohmänner entlarven lassen, da hat auch der Weihnachtsmann sein Recht verloren. Wofern er nicht selbst das Verbotene tut und also mit schlimmem Beispiel vorangeht, zu lohnen und zu prügeln, ist er in keinem Fall ermächtigt, und was man allenfalls von ihm erwartet, ist, daß er die Geschenke herausrückt und sich dann schleunigst wieder trollt.

Ein Blick von hier aus auf eine Versart, die sich vielleicht am ehesten als Handwerkerschimpf oder Berufsspott bezeichnen ließe, zeigt wieder den gleichen Umgangston gegenüber der Respektabilität. Zum Beispiel: «Wer will fleißige Handwerker sehn / Der muß zu uns Kindern gehn», so predigt hoffnungsvoll der Kindergarten; aber das Kind, wo es seine eignen, ihm gemäßen Weisen intoniert, schert sich den Teufel um Handwerksfleiß und Fachmannskünste. Es identifiziert nämlich gar nicht sich mit dem ehrenwerten Berufsvertreter, sondern formt Bäcker-, Maler-, Müllermeister nach seinem eignen Bilde. Es denkt überhaupt nicht daran, dem Handwerker etwas von seiner Fertigkeit abzusehen, sondern läßt die Biedermänner Kobolz schlagen, als gehörten sie eher einer Narrenzunft an. Wen immer der Kindervers in seine Fänge kriegt, den läßt er nach seiner Pfeife tanzen, und jedes ernsthafte Geschäft verwandelt sich bei Anruf in ein verrücktes und wunderliches.

22 Maler Maler Meister
    Schießt Koppheister
    Übers Gitter
    Hat nen Splitter
    Weiß nicht wo
    Im Popo

23 Maler Maler Meister
    Schmiert den Kleister
    Mit Verstand
    In den Sand

24 Maler Maler Meister
    Schießt Koppheister
    O wie nett
    Ins Klosett

25 In Frankfurt an der Eck
    Da wohnt der Bäcker Beck
    Der steckt sein' Arsch zum Fenster naus
    Un seggt, es wär 'n Weck

    Alle Leit kam' zu ihm glaafe
    Un wollde ihm de Weck abkaafe
    Steckt er'n widder noi
    Un seggt, der Weck is moi

26 Tein Liter Boddermelk
    Und tein Liter Köm
    Und wenn de Buuer besoopen is
    Denn danzt he op den Böön

27 Die Zimmrer und die Maurer
    Das sind die rechten Laurer
    Eine Stunde tun sie messen
    Eine Stunde tun sie essen
    Eine Stunde rauchen sie Tabak
    Und so vergeht der ganze Tag

28 Im Keller ist es duster
    Da wohnt ein alter Schuster
    Hat kein Feuer und hat kein Licht
    Sieht sein Leder und Leisten nicht

29 Hans-Barbeer
    Mit de Wogensmeer
    Lang mie ins dat Brautmess her

30 Meister Weber
    Hat nen Käber
    An der Zunge
    An der Lunge
    An der Leber

31 Unt'roffizier
    Aus Papier
    Goldne Tressen
    Nichts zu fressen

32 Ich bin der Herr Pastor
    Und predige euch was vor
    Und wenn ich nicht mehr weiter kann
    Dann fang ich wieder von vorne an

33 Pasters Kinder
    Und Lehrers Vieh
    Gedeihen selten
    Oder nie

34 Hein und Fiedi vonne Gasanstalt
    Hebbt 'n Lock inne Büx wo de Wind döör knallt

Eine Einschränkung ist vonnöten. Ob nämlich die Berufschelte noch eine rechte Gegenwart hat, geschweige denn eine Zukunft, möchte ich füglich bezweifeln. Schon die hier angeführten Strophen zählen zu älteren, mehr oder minder historisch zu nennenden Beständen, und es ist sehr wohl möglich, daß der Kindervers einmal den Handwerker vergißt, wie er die ständischen Gliederungen vergaß oder die Hexen, die Elfen und die Trolle.

Nicht verlieren wird sich die Lust, mit dem allgemein Wertgeschätzten ein schlimmes Spiel zu treiben und das Erhabene in den Staub zu ziehn. Solange es üblich ist, das Kind an einer Wohlansehnlichkeit zu messen, die außerhalb seiner Reichweite liegt, bleibt der Reim der Armenanwalt des Geringgestellten. Im immer schwelenden Klassenkampf zwischen Hoch und Niedrig, Klein und Groß, Vormund und Mündel, hilft er, und wird er bestreiten helfen, daß es zweierlei Menschen gibt. Und weil die Erwachsenen meist noch nicht einmal mit offenem Visier kämpfen, sondern allerlei unantastbare Hoheitszeichen und Güteplakate mit sich in den ideologischen Streit führen, wird er, wie erprobt, auch weiterhin auf die Fetische eindreschen, als wären es die Zuchtpersonen selbst.

Oder nein, so einfach liegt der Fall vielleicht doch wieder nicht. Sehen wir ihn uns einmal genauer an, den Reim der Majestätsbeleidigung, dann möchte man fast meinen, daß große Namen und Adressen häufig auch zur Gegenpropaganda genutzt werden. Wir hatten ja schon beim Weihnachtsmann beobachten können, wie da eine Respektsperson zum Apfeldieb avancierte. Auch dürfen wir wohl im Bilde des frechen und gefräßigen Schornsteinfegers Züge erkennen, die dem Kinde so unlieb gar nicht sind. Aber genau wie hier Interessenvertreter der Erwachsenen zu Gewährsmännern und Leitbildern der Kinder umfunktioniert werden, so nützt man jetzt die über allen Zweifel erhabene Reputation, den Anstandsverstoß zu rechtfertigen und die Unart legitim erscheinen zu lassen.

35 Kain und Abel
    Schlugen sich mit der Gabel

36 Herr Jesus spricht zu seinen Jüngern
    Wenn du keine Gabel hast, friß mit den Fingern

37 Salomo der Weise spricht
    Laute Fürze stinken nicht
    Aber die so leise zischen
    Und so still dem Arsch entwischen
    Mensch vor denen hüte dich
    Denn die stinken fürchterlich

38 Salomo der Weise spricht
    Laute Pupser stinken nicht
    Aber weh die leisen
    Die so sacht den Arsch umkreisen
    Vor die hüte dich

39 Salomo der Weise spricht
    Laute Fürze stinken nicht
    Aber die so leise schleichen
    Stinken bis zum Steinerweichen

40 Salomo der Weise spricht
    Laute Furze stinken nicht
    Denen die da schleichen
    Muß man weichen
    Die da aber auf Socken gehn
    Sind fürwahr nicht auszustehn

41 Salomo der Weise spricht
    Laute Furze stinken nicht
    Nur die auf leisen Socken schleichen
    Stinken wie die Hundeleichen
    Darauf spricht Lysander
    Sie stinken alle miteinander

42 Salomo der Weise spricht
    Laute Fürze stinken nicht
    Darauf seggt der Blischer
    Es stinken nur die Schlicher

43 Moses und de Propheten
    Seeten achtern Dieck und scheeten
    Moses de pup
    Door kneepen de Propheten ut

44 De ole Marten Ludder
    De sleug sien ole Mudder
    Inne düstere Kommer
    Mit'n Vörslaghommer
    Jümmer op den Liev
    Öh wat quiek das Wief

45 Doktor Martin Luther
    Prügelt seine Mutter

Mit dem Besen
Bis nach Dresen
Mit dem Eimer
Bis nach Weimer
Mit der Schnalle
Bis nach Halle

46 Lebe glücklich, lebe froh
Wie der König Salomo
Der auf seinem Throne saß
Und verrotte Äpfel fraß

47 Allah ist groß
Allah ist mächtig
Wenn er auf den Stuhl steigt
Ist er Einmetersechzig

48 Allah ist mächtig
Allah ist groß
Fünfmetersechzig
Und arbeitslos

49 Friedrich der Große
Macht was in die Hose
Friedrich der Kleine
Macht sie wieder reine
Friedrich der ganz kleine
Hängt sie an die Wäscheleine

50 Mensch, hast du Kant gekannt
Der konnte Handstand mit einer Hand

51 Goethe spielt Flöte
Auf Schiller seinem Diller

52 Schiller – Goethe
Zauberflöte
Hoffen wir im stillen
Daß sich unsre Wünsch erfüllen

53 Goethe sprach zu Schiller
Hol aus dem Arsch nen Triller
Schiller sprach zu Goethe
Mein Arsch ist keine Flöte

54 Harry Piel
    Sitzt am Nil
    Wäscht sein' Stiel
    Mit Persil

    Mia Mai
    Sitzt dabei
    Schüttelt ihm das linke Ei
    Nebenan sitzt Henny Porten
    Teilt seine Eier in zwei Sorten

55 Erna Sack
    Schitt in' Frack
    Stoppt ehr Piep
    Mit Tabak

Nicht unbedingt, so möchte ich meinen, handelt es sich hier immer schon um Rufmord oder Denkmalsschändung. Zwar, mit ausgestopften Helden ist das kindliche Dasein umstellt. Die werben meist für irgendwelche unerreichbaren Ideale. Die figurieren häufig als verlängerter Zeigefinger der Erziehungswelt. Und es erscheint gewiß plausibel, wenn nun der Kindervers sich seinen eignen Reim auf solche Magnifizenzen macht. Der Kindervers verfährt aber gar nicht so eindeutig, und was sich zunächst wie eine Abwertung der Autorität ausnimmt, erscheint alsbald wie eine Umwertung. Indem nämlich der Kindervers die erlauchten Gestalten vom hohen Podest herunterholt, sie allerlei verrückte Kunststückchen ausführen läßt, sie in verfänglichen Situationen zeigt, ihnen seltsame Weisheiten abverlangt und ungeratene Ratschläge in den Mund legt, entzieht er sie geradezu perfid der Verfügungsgewalt der Großen und versetzt sie in jenes verbotene Kuriositätenkabinett, das für das Kind die bessere Welt ist.

V Kinder unter sich

Den Kindervers begreifen wollen, heißt, ihn in seinen sozialen Funktionen sehen und seine unterschiedlichen Erscheinungsformen als Funktionsmodelle. Wenn er nämlich etwas nicht ist, so etwa ein schönes Spielzeug des behüteten Einzelkindes. Auch als Unmutsventil ist er nicht zu trennen von einer Gemeinschaft der Unmutigen und ihrem Wunsch zur kollektiven Willenskundgebung. Auch als Ausdrucksmittel dient er vornehmlich dem Ausdruck einer verschworenen Spießgesellschaft, ja er ermöglicht überhaupt erst die Verschwörung. Was ohne ihn in ohnmächtiger Isolierung verharren müßte, weil es über keinerlei technischen Organisationsapparat verfügt, dem bietet sich hier ein differenziertes und doch wieder handliches Instrumentarium dar, geeignet, die dringendsten Sozialprobleme gemeinschaftlich zu erledigen.

Er dient allerdings nicht allein der Regelung außenpolitischer Belange und der Grenzziehung gegenüber der institutionalisierten Autorität. Gleich unentbehrlich scheint seine Anwesenheit in allen möglichen internen Interessenstreitigkeiten. Bedenken wir bitte, daß gerade in so flüchtigen, mehr oder minder zufällig sich konstituierenden Gemeinschaften wie es Spielhorden, Straßenbekanntschaften, Kindergartencliquen sind, zunächst einmal alles strittig ist. Da taucht zum Beispiel immer wieder neu und dringend die Frage nach den Eigentumsverhältnissen auf; weshalb denn auch so Sprüchlein wie «Geschenkt ist geschenkt / Und Wiederholen ist gestohlen», unentbehrlich sind. Eine ständige Beunruhigung geht zwangsläufig von solchen Individuen aus, die dazu neigen, Gruppengeheimnisse an die Erziehungsbevollmächtigten zu verraten; also versucht man, die Denunzianten, Petzer, Streikbrecher, wo man sie rechtlich schwer belangen kann, zumindest unter moralischen Druck zu setzen: «Klafferkatt / Go no Stadt / Käup Di'n Putt vull Fiegen / Kannst Du gaut no swiegen.» Oder wie soll man sich etwa bündig gegen den Lügner versichern, einen Typus, der jedes Vertrauensverhältnis von Grund auf zunichte macht? Wie gegen den Angeber, der sich mit ungedeckten Versprechungen Vorteile erschleicht? Wie schließlich gegen die Wehleidigkeit, den weinerlichen Angsthasen, die beleidigte Leberwurst, die auf ihre Weise zum Spielverderber werden und die ungeschriebenen Sokidaritätsgesetze verletzen? Nun, brachialer Terror erweist sich auch hier meist als das schlechteste aller Sozialisierungsmittel, und weil es zwar nicht an Klägern, wohl aber an Richtern und einem funktionskräftigen Jusitzapparat fehlt, übernimmt die Klage gleichzeitig den Part der Anklage, des Bannspruches, der moralischen Pression.

1　Hat gelogen
　　Hat betrogen
　　Hat die Kuh am Schwanz gezogen

2　Angeber
　　Tütenkleber

3　Angabe zwecklos
　　Pißpott drecklos

4　Angsthase
　　Pfeffernase
　　Morgen kommt der Osterhase

5　Heule heule
　　Der Erwin hat ne Beule

6　Aua
　　Sagt der Bauer
　　Die Äpfel schmecken sauer
　　Die Birnen schmecken süß
　　Atschüs

7　Nutt nutt nutt
　　Mein Finger blutt
　　Steck'n in'n Arsch
　　Dann iss er wieder gutt

Durch den Vers regeln sich die Beziehungen der Kinder untereinander im Guten wie im Bösen. Die Möglichkeiten des Kindes, einen Vertragsbruch schlüssig zu beweisen, sind ja zunächst außerordentlich gering. Man kann einen Sünder noch nicht logisch überführen, eine Lüge regelrecht und stichhaltig widerlegen, einen Solidaritätsverstoß als solchen einsichtig machen; in all diesen komplizierten Situationen und Rechtslagen wird nun aber der Vers zu einem vortrefflichen Rechtshüter, legislativ und exekutiv in einem. Wieweit hierin bereits eine beachtliche Kulturleistung zu würdigen ist, wird deutlich, wenn man sich nur einmal die andere Möglichkeit vor Augen hält, den Triumph des Faustrechts und die Entscheidungsgewalt der blutigen Auseinandersetzung. Letztere Austragungsformen werden gewiß nie endgültig aus dem Kinderreich zu verbannen sein; es ist aber interessant, daß wo der Reim sein Regiment ausübt, sanftere Sitten einziehen und das rohe Spiel der Kräfte (das nur zu leicht zum rohen Ernst wird), einer friedensrichterlichen Gewalt weicht. Diese Sublimierung ins Humane spüren wir selbst dort noch, wo der Vers auf ersten Anschein alles andere als Bezähmung predigt. Anfeuerungen zur Schlacht, blutige Androhungen und Verwarnungen sind zwar im Kinderreim sowohl die Regel wie die Lust, den Partner in die Enge zu treiben. Nur daß die verbale Provokation dann doch eben eine Triebabfuhr ins Harmlosere bedeutet, und über das Medium der Poesie die Lust an Gewalttat zu spielerischem Wettstreit sich verwandelt.

8 De sick nich wohrt
De kricht een an Boort

9 Ene dene desse
Ich hau dir in die Fresse

10 Hat se haut se
Immer in die Schnauze
Haut se mit vergnügtem Sinn
Immer in die Schnauze rin

11 Schurke
Man nehme dir die Gurke

12 Verschwinde
Wie die Wurst im Spinde

13 Verschwinde
Wie der Furz im Winde

14 Isch haach de ne Paar uffs Aach
Uffs anner Aach aach
Dann hast e Knallaach
Un uffs annere Aach aach

Wer so singt, der verschimpfiert zwar den Gegner, läßt aber gleichzeitig erkennen, daß er die Drohungen nicht ganz ernst genommen sehen möchte. Sehr selten nur habe ich feststellen können, daß diese einfältigen Kampfpäane wirkliche Aktionen auslösen. Häufig von wilden Gebärden begleitet und von martialischen Grimassen untermalt, erwecken sie fast den Eindruck eines selbständig gewordenen Schimpfturniers, und offensichtlich schwindet mit der Verbalisierung auch ein gut Teil destruktiver Energie dahin. Das macht, weil ja das kindliche Schmähspiel Beteiligung in einem Maße bedeutet wie es die gereimte Feindesschelte erwachsener Zeitgenossen sich nur träumen läßt. Wer hier sich als großer Wüterich aufführt, der ist mitten im Kampfspiel und höchstpersönlich mit von der Partie. Wer grausliche Haupt- und Staatsaktionen ankündigt, der tut es angesichts des lebendigen Gegenspielers, und gefaßt, mit gleicher Münze zurückzubekommen. Weshalb denn auch vom Streitvers der Kinder kein Weg führt zu den frustrierten Mörderspielen erwachsener Sandkastenstrategen und der sentimentalen Blutrünstigkeit poetischer Schreibtischkrieger.

> Es weht der Allerseelenwind
> Wir schreiten alle einen Schritt.
> Und die wir fern vom Felde sind,
> Wir kämpfen mit; wir sterben mit.
>
> Alfred Kerr

Die ungute Tatsache, daß anscheinend nicht die Nächstenliebe, nicht die Freundschaftserklärung und der Zuneigungsbeweis so sehr und so früh des Reims bedürfen, wie eben die Schmählust und das Vergnügen an der Herabsetzung, mag betrüblich sein, aus der Welt zu bringen ist sie nicht. Die Kindergesellschaft ist nun einmal nicht der prästabilierte Garten Eden, als den wir uns ihn gern vorstellen. Der idyllische Naturzustand, zu dem sich Kindheit in der Retrospektive zu verklären pflegt, ist für den unmittelbar Teilnehmenden ein von unterschiedlichsten Macht- und Rechtsansprüchen erfülltes Spannungsfeld, und der Vers – kein Kulturgegenstand, sondern ein Kultivationsgerät – verhilft dem Kind, seine eigne Stellung in der Welt zu erkennen und zu behaupten. Das zeigt sich besonders bei einem Vers-Typus, der als Neck- und Spottreim schon seit längerem das Interesse der Sammler in Anspruch genommen hat, ohne daß man freilich plausiblere Erklärungen für seine Beliebtheit fand, als daß das Kind eine unaustreibbare Lust am Necken und Spotten habe, wollte sagen: die Armut komme von der Powertee. Die Armut kommt nun aber sinnigerweise gar nicht immer von selbst und auch der Trieb zu insultieren nicht aus heiterem Himmel. Er ist recht eigentlich die passende Replik auf die unsicheren Verhältnisse, in denen das Kind lebt. Im Kinderreich gibt es starre Autoritätskategorien so wenig wie ewige Hackordnungen oder Hoheitssphären. Jeder neue Tag und jeder Neuzukömmling können die eingespielten Verhältnisse durcheinanderbringen. Jedes Spiel sieht neue Sieger, neue Unterlegene, weckt frische Leidenschaften. So ist der Unsicherheitsstatus sozusagen an der Tagesordnung, die Umorientierung ein ständiges Erfordernis, und der Vers ein ganz konkreter Nothelfer, der Grenzen ziehen und Schranken setzen hilft. Als Teil jenes Wettstreites, der den Kinderalltag ausmacht, springt er oft genug dem Unterliegenden bei, dient er dem in die Enge Getriebenen, Verfolger abzuhängen, Beschimpfungen zurückzugeben und Vorwürfe auf den Angreifer abzuwälzen.

Die Schmach der Niederlage zu verschmerzen:

15 Sieger
Sind Mieger

Auf den Anwurf «Du hast einen Vogel»:

16 Ich hab 'n Vogel
Du hast 'n Piep
Meiner flog weg
Und deiner blieb

Desgleichen:

17 Vogel fliegt in der Luft und singt
Und du bist das Nest und das Nest das stinkt

Auf eine üble Unterstellung:

18 Wer es hat zuerst gerochen
Dem ist's hinten rausgekrochen

Gegen unerwünschte Annäherungsversuche:

19 Ich red nicht mit dir
Dein Hemd ist aus Papier
Deine Buxen sind aus Blech
Du bist mir viel zu frech

Desgleichen:

20 Fieftein fofftein
Du kast mi mol an' Mors klein

Einen Beleidiger leer laufen zu lassen:

21 Schenne schenne dut net weh
Wer mich schennt hot Leis un Fleh
Leis und Fleh gibt Wanzen
Die dun dir uffn Kopp rum danzen

Desgleichen:

22 Schimpen un Schellen deiht nich weh
Bieten un Kniepen döst mie nee

Trost des Geprügelten:

23 Schacht vergeht
   Arsch besteht

Es gibt Strophen, in denen das dialogische Prinzip dann allerdings noch deutlicher zum Ausdruck kommt, und in denen der Reim in ganz besonderem Sinne zum Vergleichsmoment wird. Das ist immer dort der Fall, wo nachbarschaftliche Konkurrenzen ausgetragen werden und die immer schwelende Spannung zwischen konfessionell unterschiedlichen Gruppen zum Ausdruck drängt. So neigt zum Beispiel besonders in Orten mit evangelisch-katholischer Mischbevölkerung der Kinderreim zu einer Form des Schmähgesanges, in dem sich Rede und Gegenrede wie Kontrafakturen entsprechen. Aber auch die Prioritätsansprüche benachbarter Ortschaften oder miteinander um Rang und Würde konkurrierender Großstädte führt häufig zu einem Schmähturnier der gleichen Waffen, gleichen Regeln, gleichen Strophenformen und Verleumdungsinhalte.

24 Doktor Martin Luther
   Hat Hosen ohne Futter
   Hat Schuhe ohne Sohlen
   Den Hut hat er gestohlen

25 Meier wiedeweier
   Widewuttkakapeier
   Widewuttka kaputtka
   Katholischer Meier

26 Dort in dieser braunen Butter
   Liegt begraben Martin Luther

27 Hast dich ja verguckt
   Ist der heilige Nepomuk

28 Martin Luther Martin Luther
   Liegt begraben in der Butter

29 Katholische Lappen
   In Pickert gebacken

30 In Itzehoe
   Da ist das so
   Da haben die Mädchen
   'N Glaspopo

31 In Pinneberg
    Door is dat nix
    Door kann man nich mol
    ut de Büx

32 Auf der Alster
    Schwimmt ein Qualster
    Auf der Elbe
    Schwimmt dasselbe

33 Auf der Weser
    Schwimmt ein Präser
    Auf dem Kanal
    Schwimmt's noch einmal

Solchen Versen der Provokation und der Verwahrung steht eine andere Spezies gegenüber, auf die am ehesten das Wort Fangstrophen zutrifft. Sie dienen nämlich keinem anderen Zweck, als einen Gesprächspartner neugierig zu machen und aufs Glatteis zu führen. Scheinheilig und scheinbar entgegenkommend laden sie das Kind zum Mitspielen ein. Unter dem Vorwand, sie hätten etwas ganz besonders Neues, Interessantes, Aufregendes zu vermelden, appellieren sie an die immer wache Abenteuerlust des Kindes, an sein Vergnügen an ausgefallenen Begebenheiten, an seine Neigung, sich zu irgendeiner Tollheit verleiten zu lassen. Aber wehe dem Kind, das das böse Spiel nicht kennt und sich vertrauensvoll auf den arglistigen Dialog einläßt. Eh es sich versieht, läßt der Reim die törichten Erwartungen leer ausgehen und das Kind mit seiner Torheit allein. Diese Versart scheint auf den ersten Blick gar nicht besonders fein. Einen anderen gespannt machen, nur um sich am Ende an der getäuschten Arglosigkeit zu weiden, das will – wo es Schule machen sollte – ja fast wie eine Vorschule des Betruges, der Hinterlist und der böswilligen Täuschung anmuten. Indes möchte ich just für solche Düpierstrophen ein pädagogisches Rechtfertigungsmoment ins Feld führen. Was sie bewirken – wiewohl sie jemanden für dumm verkaufen –, ist schließlich doch der Abbau blinder Vertrauensseligkeit. Was sie lehren – in Form des spielerisch organisierten Schabernacks –, ist allemal, daß sich einer auf plumpe Versprechungen lieber nicht einlassen sollte. Besser als durch jeden warnenden Hinweis erkennt die Arglosigkeit, was ihr drohen kann, am handlichen Lehrmodell, denn das Spiel endet ja nicht mit dem kurzen Triumph des Besserwissers, und aus mehrfach Hereingefallenen werden sicherlich nachhaltig Belehrte.

34 Wöt wi wetten?
(auf die Antwort «jo»)
Um 'n dicken fetten Metten
Ick will em griepen
Un du schasst em bieten

35 Wullt du mit?
(«jo»)
No'n Smidt?
(«jo»)
Beten wieder?
(«jo»)
No'n Snider?
(«jo»)
Vör de Döör?
(«jo»)
Krichs n Bax doorvör.

36 Ich ging mal in die Stadt
(«Ich auch»)
Da kam ich an einen Laden
(«Ich auch»)
Da sah ich viele schöne Sachen
(«Ich auch»)
Da kauft ich einen Käse
(«Ich auch»)
Der Käse der stank
(–)

37 Hest du Lust?
(«Jo»)
Mit de Deerns in' Busch!

38 Weißt du was?
(«Nein»)
Das Wasser ist naß

39 Weißt du schon das Neuste?
(«Nein»)
Max Schmeling boxt mit Fäuste

40 Weißt du schon das Beste?
(«Nein»)
Der Sperling hockt im Neste

41 Sag mal: Hinterm Ofen liegt ein Messer –
    Dein Vater ist ein Menschenfresser

42 Sag mal: Weiße Wand –
    Hast den Mund voll Sand

43 Sag mal: Lange Leiter –
    Hast den Mund voll Eiter

44 Dein Schuh ist auf
    (Das Kind blickt hin)
    Sitzt ein kleiner Schuster (Schupo) drauf

45 Gib mir mal die Hand
    (Das Kind tut es)
    Bist ein Elefant

46 Komm mal her
    (Das Kind folgt)
    Bist ein alter Bär

Und den falschen Fragen entspricht denn auch ein Falsch-Antwort-Geben. Immer da, wo die Frage zur Plage wird, und das Fragen zur rappelnden Mechanik ausartet, die außer ihrer eignen Wiederholung ernsthaft gar nichts mehr erfahren will, begegnet ihr der Kindervers mit der gebotenen Nichtssagenheit. *Warum – darum*, so sieht auf den einfachsten Reim gebracht ein Rede-und-Antwort-Spiel aus, dessen Sinn wiederum nicht nur im Unsinn, sondern in der Absicht zu suchen ist, statt einer Antwort eine Abfuhr zu erteilen. Gerade die törichte Frage, die ermüdende, floskelhafte, die Routine- und Verlegenheitsfrage sind es, denen wie zum Beweis ihrer eigenen Leere ihr bloßes Echo entgegenschallt. Desgleichen muß sich aber auch oft die Frage nach den letzten Zusammenhängen mit einem Windei von Antwort begnügen. So lernt das Kind gewissermaßen spielend und an Hand einschlägiger Bluff-Praktiken, daß es tunlichst auch mit seinen Fragen vorsichtig umgehen soll und daß es ehrliche und verläßliche Antworten nicht immer erwarten darf.

47 (Auf die Frage: Wie kommt das)
    Wie kommt Kuhscheiß aufs Dach
    Hat sich Kuh auf Schwanz geschissen
    Rumgedreht und raufgeschmissen

48 Warum?
    Ist die Banane krumm
    Ja, wenn die Banane gerade wär
    Dann wäre es keine Banane mehr

49 Was?
    Wachs nich, Bienenschiet is Haunig

50 Wie?
    Pipi

51 Was ist die Uhr?
    Eine runde Figur

52 Wat is de Klock?
    Fiev Minuten vör't Lock

53 Wat is de Klock?
    Fief Minuten vör'n Dicken
    Wenn he steiht will he ficken

54 Was wollen wir machen?
    Auf dem Kopf stehen und lachen

55 Was wollen wir spielen?
    Auf dem Kopf stehen und schielen

56 Was wollen wir tun?
    Auf dem Kopf stehen und ruhn

57 Was ist los?
    Dein Knopf an der Hos

58 Was ist los?
    Alles was nicht angebunden ist

Wer es sich leicht machen will mit dem Kindervers, der nennt ihn gern anarchisch, unlogisch oder absurd. Er ist aber weder dies noch das, noch jenes, und bei genauerer Betrachtung verschiebt sich die Skala des Verwundernswerten immer mehr vom nur Wunderlichen zum wunderbar Zweckmäßigen. Das wird um so deutlicher, je mehr man sich von einer Betrachtung der schönen Gesamtsilhouette löst. Der Blick aufs große Ganze verschleiert auch in diesem Falle mehr, als er erhellt. Voreilige Pauschalbilanzen führen bestenfalls zu Oberflächendeutungen wie jener nichtssagenden, daß alles Spiel sei, womit die bedenkenswerte Erscheinung dann sicher in dem großen kulturphilosophischen Eintopf gelandet wäre, in dem sich letzten Endes alles, selbst noch die Mordspiele der Erwachsenen und das wettbewerbliche Scharfschießen von KZ-Bewachern unterbringen läßt. Das Besondere am Kindervers ist aber nicht seine selbstverständliche Teilhabe an einer allgemeinen Spielsphäre und schon gar nicht ein Äußerstes an Zweckfreiheit («Deutsch sein heißt, eine Sache um ihrer selbst willen tun» – siehe genannte Scharfschützen), sondern sein Nutzwert für eine friedliche und demokratische Verkehrsregelung.

In der veränderlichen Kindergesellschaft stellt sich als einigermaßen stabil und übersichtlich einzig die Grenze nach außen dar. Eine gemeinsame Politik gegenüber den Erziehungsmächten, den Lustentziehungsmächten ist unschwer zu erzielen, schon weil man sich über einen bindenden Modus hinter dem Rücken der Betroffenen einigen kann. Heikel und schwierig wird es erst, wo die internen Kommunikationsprobleme beginnen und wo der einfache Verwahrespruch der komplizierten Situation nicht mehr ganz gewachsen ist. Zwar ist auch in diesem Rahmen an unvermittelten Verbalinjurien kein Mangel; sie verkörpern vermutlich einen älteren, vor allem aber einfacheren und robusteren Typus einer Kontaktprovokation; wir haben aber das differenziertere, dialogische Versgebilde nicht ohne Absicht vorgezogen, weil sich in ihm die Schwierigkeit der Fühlungnahme am deutlichsten zeigt. Dieser Verstyp versucht nämlich einer unklaren Situation dadurch zu begegnen, daß er den Spielpartner einerseits aus der Reserve lockt und ihn zur Teilnahme bewegt, zum andern, daß er ihn in die Rolle des Genasführten zu drängen trachtet. Umgekehrt bietet er sich dem Unterlegenen, Beleidigten, Bedrängten als biegsame Verteidigungswaffe dar, mit der sich Ausfälle bewerkstelligen und Bezichtigungen in Konterschläge umfälschen lassen. Überhaupt ist er immer auf der Hut, abtastend und fintierend in einem, anziehend und ausfällig zugleich, ein Mittel, Begegnungen zu provozieren und – Gegnerschaften nicht zum äußersten kommen zu lassen.

Naiv an dieser Versart, wie im übrigen auch an anderen, kann dabei allenfalls die kindliche Optik scheinen, ihre Verhaltensweise ist es nicht. Ob das jemals anders gewesen ist und ob der Kindervers überhaupt einmal die Sprache der Unschuld gesprochen hat, wer vermöchte das nach einigen hundert Jahren verfälschender Sammeltätigkeit noch zu sagen? Die Treuherzigkeit und die einfältige Vertrauensseligkeit, die Generationen sentimentaler Sammler dem Gegenstand ihrer Neigung abverlangten, ließ sich nach gehörigem Gesiebe selbstverständlich auch dokumentarisch belegen. Beschränken wir uns denn auf die Feststellung, daß wir den Kinderreim heute in einer anderen Verfassung erleben, nicht gerade desperat, nicht mutlos, nicht an den eignen Kräften zweifelnd, aber fintenreicher, als es die Polizei erlaubt, und weit gewitzter, als man sich die Unschuld gemeinhin vorstellt.

Das rührt vermutlich daher, daß der Kindervers aus der Erfahrung spricht, und eben nicht aus der besten. Die Übertölpelung der Einfalt, die Ausnutzung biederer Zutraulichkeit müssen zu seinen einschneidenden Eindrücken zählen, anders er sicher nicht so allgemein vorbehaltlich, mißtrauisch und absichernd auf die Welt sich einließe, sondern entgegenkommend. Er kommt aber, wie gesagt, niemandem wirklich unbefangen entgegen, und wer ihn benutzen lernt und mit seinen Techniken vertraut wird, der erhält unter der Hand eine Lektion in Dialektik. Dennoch verdienen der Fallen- sowohl wie der Abfangvers unser volles Vertrauen. Sie betrügen ja selber nicht, sondern geben sich als Täuschemuster offen zu erkennen. Somit verhelfen sie der Unschuld zur Einsicht in ihr beschränktes Wesen und zur Ausbildung kritischer Wachsamkeit. Selbst wo sie zu nichts Besserem nutze scheinen, als einen Spielpartner für dumm zu verkaufen, machen sie ernsthaft niemandem etwas vor, es sei denn, ihm zu demonstrieren, wie leicht er sich etwas vormachen läßt.

Das bringt mich auf den Gedanken, daß – ich kann es nicht helfen – Poesie vermutlich gar nicht die Stärke des Kinderreimes ist. Worin wir so gern eine Vorschule der Ästhetik sehen möchten, ist doch wohl eher ein Exerzitium der praktischen Kritik. Auf den Kopf zu gefragt, was mich an dieser ungehobelten Erscheinung denn eigentlich so fessele, würde ich auch viel weniger auf irgendwelche unwägbaren poetischen Valenzen verweisen wollen, sondern auf seinen unerschütterbaren Streitgeist, seine Kritiklust, sein Vergnügen an der Entlarvung des Hohlen, Aufgeblasenen, Phrasenhaften. Hüten wir uns zu meinen, es wäre nur die Unart, die sich ihren ungezogenen Vers auf die Welt macht. Wichtiger ist ein immer wieder zu Tage tretendes Wahrheitsstreben, das freilich, als solches angesprochen, uns einigermaßen schief ansehen würde. Wie der Volksmund im allgemeinen, so schert sich auch der Kindervers um die reine Wahrheit nicht einen Deut. Was ihn beschäftigt, ist die kleine Wahrheit, die faßliche, überschaubare, und er weiß auch sehr genau, daß er sie nicht einfach rein aussprechen kann, sondern erst bloßlegen muß. Daher seine Neigung, Phrasen anzuschwärzen, den leeren Versatzstücken der Sprache eine Narrenschelle anzuhängen oder beliebte Flickwörter und Einleitungsfloskeln bloßzustellen.

59 Aus Versehen –
Mit Willen geschehen

60 Jedenfalls –
    Ist der Kopf dicker als der Hals

61 Jetzt kommt der Moment –
    Wo die Kuh ins Wasser rennt

62 Sonderbar –
    Ist die Kuh mit Pferdehaar

63 Kaum zu glauben –
    Am Birnbaum wachsen Trauben

64 Ich glaube –
    Da oben fliegt ne Taube

65 Auf alle Fälle –
    Scheißt der Hund kei Gummibälle

66 Laß das sein –
    Sprach Wallenstein

67 Laß das –
    Meine Mutter haßt das
    Mein Vater liebt das
    Bei dir piept das

68 Mein lieber –
    Schieber

69 Mensch! –
    Mensch willst du Menschen sehn
    Dann mußt du zum Bahnhof gehn
    Denn da kannst du Menschen sehn

70 Nix an to mooken –
    Schißt' int Bett
    Schißt' int Looken

71 Ja so ists halt –
    Wenn im Schwarzwald
    Ein Furz knallt
    Dann stinkts halt

72 'S wird schon wieder wärn –
    Mit der Mutter Bärrn
    Mit der Mutter Knorrn
    Ist es auch geworrn
    Bloß die Mutter Schwotzen
    Die hot immer wos aff'm Hotzen

Weit primitiver als die zuletzt behandelten Typen des Reiz- und Herausforderungsverses (das sind sie trotz ihrer komplexeren Beschaffenheit, die eine Festlegung auf ein einziges Radikal eigentlich verbietet), weit schlichter und vielleicht auch urtümlicher ist eine Provokationsart, die den Spielpartner beim Namen zu packen sucht als wär's ein Stück von ihm. Damit steht der Kinderreim keineswegs für sich allein. Schon ein flüchtiger Blick auf den zeitgenössischen oder den Schlager der jüngeren Vergangenheit zeigt uns, wie verbreitet der Anredevers auch heute noch ist, und welcher allgemeinen Beliebtheit das Spiel mit Namen sich erfreut. Und wie ungnädig andererseits selbst zufällige Läsionen des Namens aufgenommen werden, erfahren wir am besten an uns selbst, wenn wir unseren guten Namen verdruckt oder falsch ausgesprochen sehen. So sind auch beim Namensspott der Kinder die aktiv oder passiv Beteiligten gewillt, den Namen für die Person zu nehmen, was seinen Ärger bringen kann, aber wohl auch seine Vorzüge hat, denn solange der Name für etwas anderes herhalten kann, verringert sich die Gefahr für Leib und Leben, bleibt im wahrsten Sinne des Wortes Spielraum zwischen den Parteien.

Die soziale Funktion gerade dieser Verse wird nicht sogleich einsichtig sein, und sie wird es vor allem nicht, weil wir uns schlecht abgewöhnen können, Ergebenheitsadressen und Sympathiekundgebungen für den Ausdruck eines gesunden Gemeinschaftslebens zu nehmen. Als gemeinschaftsförderlich gilt, was ungebrochenes Entgegenkommen ausdrückt, artig die Mütze zieht, seinen Diener macht, seine vorzügliche Hochachtung bekundet, seine Komplimente vorbringt. Für gemeinschaftswidrig wird gehalten, was eine kritische Einstellung erkennen läßt, sich am andern zu reiben sucht, gar zu polemischen Ausfällen neigt. All solche hohen Erwartungen oder Verwahrungen kommen nun aber beim Kindervers, besonders bei der Namensschelte an die falsche Adresse. Hier deckt sich die direkte und persönliche Anrede fast immer mit dem Bedürfnis, den Partner zu hänseln, zu ärgern, zu uzen und zu reizen. Wohl möglich, daß der Spottreim eines der ältesten Kontaktinstrumente ist, zweischneidig und ambivalent wie (nach Freud) die Urwörter, und doppeldeutig wie es die Begriffe «Reiz» oder «reizen» auch heute noch sind. Wer sich durch jemanden angezogen fühlt, der sagt, er fände ihn reizend; wer sehen möchte, was von einem andern zu halten ist (das gilt nicht nur fürs Skatspiel), der versucht, ihn seinerseits zu reizen; was nichts anderes sagen will, als daß auch der Schmäh-, Schand-, Spott- und Verleumdevers der Gesellung dienen und dafür sorgen kann, daß der Kontakt unter den Spielpartnern nicht abreißt. Wo er provoziert, da reizt er doch auch zur Erwiderung, und weil Kinderreime schließlich für alle gewachsen sind und an einschlägigen Repliken kein Mangel ist, kann ein Bedrängter jederzeit mit gleicher Münze zurückzahlen.

73 Peiter mit'n Geiter
   De Summer ward heiter
   De Winter ward köller
   Un Peiter ward öller

74 Peter Peter
   Leen mi mool dien Geter
   Leenst du mi dien Geter nich
   Büst du auk mien Peter nich

75 Peter Jakob
   Hang de Klock op
   Hang den Bimmel an
   Dat se loopen kann

76 Im Stall da steht ein Schi-scha-Schimmel
   Hat unterm Bauch 'n Pi-pa-Peter laß das Pferd in Ruh
   Das spürt den Schmerz genau wie du

77 Hans mit 'n Schwanz
   Kommt die Treppe runtergetanzt

78 Hans
   Zieht die Kuh bei'n Schwanz
   Zieht sie bis zum Ofenloch
   Daß der Kaffee besser kocht

79 Hans Hans Hans
   Pack die Kuh beim Schwanz
   Zieh sie nicht zu kurz
   Sonst läßt sie einen Furz
   Zieh sie nicht zu lang
   Sonst gibts Gestank

80 Hans Hans
   Zieh die Kuh beim Schwanz

Wenn du das nicht kannst
Dann bist du auch kein Hans

81 Hänschen klein
    Hat Scheiß am Bein
    Hat abgeleckt
    Hat gut geschmeckt

82 Paul – Paul
    Steck die Wurst ins Maul
    Steck sie nicht daneben
    Sonst muß ich dir eine kleben
    Steck sie nicht zu tief
    Sonst kommt ein Liebesbrief

83 Michel
    Mit der krummen Sichel
    Mit dem langen Steele
    Mach das Wasen nit so veele
    So ein Ding wie du eins bist
    Kratzt der Hahn aus unserm Mist

84 Michele machele
    Bruns ins Kachele
    'S Kachele rinnt
    'S Michele stinkt

85 Walter
    Wenn er pupt dann knallt er

86 Geert
    Pupsteert

87 Kordel mordel Heunerschiet
    Schitt sien Mudder inne Kaffeetüt

88 Gustav
    Snie de Wust af

89 Mein Sohn heißt Waldemar
    Weil es im Wald geschah

90 Hinkei – Kurt
    Dein Holzbein knurrt
    Dein Blechbauch hat ne Delle

91 Heinerich
   Der Wagen bricht
   Ohne Räder fährt er nicht

92 Karinsche Katrinsche
   Hat Kinnerstrimpscha an
   Varissne vaschissne
   Mit Scheißafleckscha dran

93 Elisabeth
   Schitt Heunerfett

94 Lott ist daut, Lott is daut
   Jule licht in' Groben
   Is man gaut is man gaut
   Hölt den Moors no boben

95 Marianne
   Kaffeekanne
   Sitz in einer Badewanne
   Badewanne kracht
   Marianne lacht

96 Elke
   Wenn ich dich melke
   Dann wirst du welke
   Wie eine Nelke

97 Renate
   Tomate
   Alte Handgranate

98 Ilse bilse
   Keiner will se
   Kam der Koch
   Nahm se doch
   Schiebt ihr was ins Ofenloch

99 Olga
   Schwimmt über die Wołga

Sehr viel Fleiß und detektivische Mühen sind von seiten der Volkstumsforschung darauf verwandt worden, den mythologischen Hintergrund von Kinderversen aufzuhellen, im Spiel den uralten Kult zu entdecken oder hinter dem Rufnamen die legendäre Großfigur. Solcher Forscherernst mag löblich sein, er führt uns aber kaum weiter, allenfalls zurück. Ganz gleich, auf welchen Sagen-Peter, welchen Märchen-Paul, welchen Historien-Franz ein Sprüchelchen sich letzterdings bezieht, daß es sich irgendwie geschichtlich oder vorgeschichtlich herleiten läßt, scheint mir nicht halb so wichtig wie eine Entschlüsselung seiner psychologischen Wirkmomente. Ihre ungebrochene Virulenz zu erklären, bedarf es weniger eines Ausflugs ins historische Hinterland als des Einstiegs in den psychologischen Unterbau.

Interessant dabei, daß sich der Namensspott im groben und ganzen auf zwei unterschiedliche Anspielungstypen reduzieren läßt, einen – man verzeihe! – offen analen und einen verschlüsselt genitalen. Letzterer bedient sich, ohne daß dem Kind diese Bedeutung immer präsent sein muß, einschlägiger Sexualsymbole wie «Gießer», «Bimmel», «Schwanz», «Wurst», «Sichel» oder «Stiel», eine Beobachtung, die sich in Anbetracht des Kontextes nahezu uneingeschränkt bestätigt. Verben wie «packen», «ziehen» oder «stecken» unterstreichen gerade in der Verbindung mit den genannten Schlüsselwörtern noch einmal den genitalen Anspielungsgehalt. Leitsubstantive wie «Maul» und «Ofenloch» tuen ein übriges zur Erhärtung des Verdachtes. Und wer selbst hier noch eher von Zufallskoinzidenzen sprechen möchte als von einem symbolischen Sinnzusammenhang, dem wird doch zumindest ein Vers wie der vom Paul, der Wurst und dem Liebesbrief als eine Form des versteckten und gleichwohl offensiven Minnewerbens einsichtig werden.

Daß dem Kinde die Symbolik solcher Verse kaum bewußt sein dürfte, schmälert weder die Lust an ihrer Benutzung noch den Unmut der Betroffenen. Allerdings sind es doch wohl vor allem die Reime mit Fäkal-Akzent, die einem kindlichen Begriff von Ehrenrührigkeit am ehesten entgegenkommen und einer kindgemäßen Verunglimpfungstendenz besonders entsprechen. Sie sind denn auch unter den Namensschelten die eigentlich beleidigenden und kränkenden. Die genitale Anzüglichkeit, ganz abgesehen von den Verhüllungen, in denen sie sich präsentiert, gibt sich vergleichsweise freundlich, läßt im Scherz die Neigung erkennen, in der Aggression den unsittlichen Antrag, ein Zeichen, daß sie einer anderen Sphäre entstammt und zunächst anderen Zuhörern zugedacht war als gerade kindlichen. Erst die Rückverwandlung der sexuellen Anspielung in die anale führt uns dann wieder in ureigenstes Kinderland. Sowohl der «Pupsteert», zu dem eines der einschlägigen Sexualsymbole regredieren kann, als auch die Exkrementalphantasien, die, meinetwegen, eine Vorstellung wie die vom Schwanzziehen auslöst, verweisen auf die Eingemeindung sexuell symbolischer Vorgänge in die kindliche Interessensphäre.

Hatten wir schon gelegentlich eines anderen Kapitels bemerken können, wie wenig das Kind sich sexuelle als Kopulationsvorgänge bewußt zu machen vermag, selbst dann wenn seine Neugier auf das äußerste gereizt ist, und wie der Vorstellungsversuch nur allzugern in eine vegetabilische Metaphorik flüchtet, dann kann sich am Beispiel des Schimpfverses diese Tendenz nur noch einmal bestätigen. Zwar finden sich häufig Neckverse folgenden Zuschnitts: «Wer Letzten gibt / Hat Mädchen lieb» oder «Angeschmiert mit Löschpapier / Morgen kommt die Braut zu dir» oder «Bruut und Brögam / Schiet' inne Kaffeekann», aber das sind nun wirklich die krassen Normaltöne des Kinderverses nicht, und zumal das letzte Verslein zeigt sehr schön, wohin es die Spottlust der Kinder im Grunde zieht. Daß einer «mit Mädchen geht» kann in einem gewissen Jungensalter wohl eine ehrenrührige Vorstellung sein. Der Schimpf weicht dann aber sogleich auf ein anderes Feld aus und gefällt sich in Bezichtigungen, die mit dem Spottgegenstand nicht das mindeste mehr zu tun haben. Hier wie auch anderswo suchen wir das wahre Spottmotiv im Auslösungsgegenstand vergeblich; das Vergnügen, einen anderen anzuschmieren, hängt aufs Innigste mit dem Bedürfnis zusammen, unterdrückten fäkalischen Lustvorstellungen zum Ausdruck zu verhelfen, freilich so, daß sich die Äußerung in der Beschuldigung des Partners entschuldigt fühlen kann.

100 Heini Klausen
    Läßt ein' sausen
    Mit Getose
    In die Hose
    Mit Gebraus
    Wieder raus

101 Friedrich Kracke
    Hühnerkacke

102 Karoline Pumslow
    Zeig mir mal dein Pumsloch
    Karoline heiß ich nicht
    Und mein Pumsloch zeig ich nicht

103 Erna die Verrückte
    Saß auf dem Topf und drückte
    Drückte bis der Topf zerbrach
    Und die Wurst danebenlag

104 Richard der Beknackte
    Saß auf dem Topf und kackte

Kackte bis der Topf zerbrach
Und die Wurst danebenlag

Das letztgenannte Verspaar ist aufschlußreich auch darin, daß es die anale Aggression mit dem Wunsch im Verein zeigt, den anderen für verrückt zu erklären. Auch die Unmündigkeitsbezichtigung ist ein fester und verbreiteter Topos in der kindlichen Volkspoesie. Der Beschuldiger, selbst noch ein Kind, selbst unmündig, oft für dumm verkauft, als ungeschickt gescholten, unklug und trottlig genannt, projiziert das Gefühl eigener Inferiorität auf einen anderen, der dann zusehen kann, wie er sich mit Abwehrreimen oder Konterstrophen wieder aus der Affäre zieht.

105   Du bist verrückt mein Kind
      Du hast einen Spleen
      Wo die Verrückten sind
      Da gehörst du hin

106   Du hast 'n Spleen
      Von hier bis nach Berlin

107   Du bist bekloppt
      In deinem Kopp

108   Du bist so blöd und kuckst so sinnig
      Ich glaube du bist blödsinnig

109   Dumm geboren
      Dumm geblieben
      Brett vor 'n Kopf und draufgeschrieben:
      Hier ist keine Rettung mehr

110   D b d d h k p s r v
      (Doof bleibt doof, da helfen keine Pillen,
      selbst Rhizinusöl versagt)

VI Ich will dir was erzählen

1. Es war mal eine Frau
   Hat Augen wie Kakau
   Hat Beine wie ne Leberwurst
   Ich weiß es ganz genau

2. Holder Engel Pumpenschwengel
   Heißgeliebtes Trampeltier
   Du hast Augen wie Sardellen
   Alle Ochsen gleichen dir
   Du bist gerührt wie Apfelmus
   Und kernig wie Spinat
   Dein Herz schlägt wie ein Pferdefuß
   Wenn du Geburtstag hast

3. Unser Nachbarsmadel
   Waar a saubers Bröckl
   Und a Nos hats wia a Batzenweckel
   Und an Mund hats
   Wia a Ofenloch
   Aber gern hab ih's doch

4. Uffm Berge
   Steht ä Häusle
   Guckt ä Frau raus
   Die heißt Gret
   Hat'n Rollekopf
   Hat ä Schlappergosch
   Und ä Nas wie ä Trompet

5a. Wenn meine Frau sich auszieht
    Wie das wohl aussieht
    Zwei Schenkel wie zwei Säulen
    Es ist zum Heulen

5b. Zwei Brüste wie zwei Kiepen
    Es ist zum Piepen

5c. Sie hat zwei krumme Beene
    Und Zähne keene

6   Das Holzbein der Hure Hulda
    Stand mutterseelallein
    Abends im Puff zu Fulda
    Wie kam es da hinein

7   Laß mich ein bißchen schmusen
    An deinem Busen
    Da sprach sie unter Tränen
    Ich hab gar keenen
    Und was ich gestern hatte
    Das war aus Watte
    Und jeden Tag n neuer
    Das kommt zu teuer

8   Uff uff sprach Winnetou
    Legte den Bauch in Falten
    Und steckte ihn in die Tasche

9   Himmel Sterne Rotzkaserne
    Freßmaschine Milchkantine
    Kinderstube Selterbude
    Wurstfabrik

10 Du bist kein Mensch
    Du bist kein Tier
    Du bist ne Rolle Klopapier

Ich denke, wir bereiten uns am besten langsam darauf vor, den Kindervers nicht mehr als eine isolierte Gattung zu betrachten. Er ist keine geschlossene Abteilung im weiten Reich der Umgangspoesie, kein eingezäunter Garten Eden. Und wer wollte vom grünen Tisch aus schon entscheiden, was rechtens in den Kindermund gehört, wo die Heranwachsenden sich einmischen dürfen, was möglicherweise für Knaben, was für Mädchen geeignet ist, und was am Ende den Erwachsenen vorbehalten bleiben sollte. Nein! all solche Dekrete, moralisch vorgefaßt oder einem mechanischen Ordnungsbedürfnis entsprungen, lösen sich vor der Wirklichkeit der Umgangspoesie zu nichts auf, deren Wesen heißt Umgang, Durchgang, Übergang, und einzig bestimmte Funktionstypen lassen das unzugängliche Revier von innen her gegliedert erscheinen.

Versuchen wir an ihnen uns zu orientieren, dann winkt uns zum Lohn allerdings der Einblick in gewisse Gesetzmäßigkeiten, wie wir sie so deutlich geprägt, so klar akzentuiert hier auch wieder nicht vermutet hätten. Das bezeugt sich nicht am schlechtesten in einer Unterabteilung, die Verserzählungen umfaßt. Das heißt, wie weit die hier zu begreifenden Gedichte es mit dem Versprechen, Geschichten zu erzählen, wirklich ernst meinen, wäre erst noch zu prüfen. Fest steht für uns im Augenblick nur, daß es Erzählgedichte gibt, die uns mit ausgefallenen Begebenheiten unterhalten möchten. Und weil wir ja bereits einige Proben dieser Abteilung zur Kenntnis genommen haben, dürfen wir vielleicht noch anschließen, daß das Verschrobene, Monströse, das Anomale und Unglaubliche ganz offensichtlich im Vordergrund des Interesses stehen. Die schöne Mär vom Lohn der Tugend, vom Liebreiz der Wohlgebildetheit, vom Adel des Heldenmutes scheint man getrost dem Kolportageroman überlassen zu wollen; viel eher zeigt man sich durch das Verrückte fasziniert. Für ausmalenswert gilt nicht das gemütliche Bürgeridyll; hier wird es schon ein wenig ungemütlich. Sollte es da zu viel vermutet sein, wenn wir meinen, daß ein gewisser Hang, die Welt als Deformation, den Menschen als denaturiert aufzufassen, nicht erst mit der modernen Literatur in die Welt gekommen ist? Und scheint es andererseits nicht sehr plausibel, wenn wir das «gesunde Volksempfinden» auch von dieser Stelle aus noch einmal zur Abdankung auffordern? Denn entweder ist das Volk nicht so gesund, wie seine Zensoren wünschen, oder aber sie selbst sind nicht ganz so volksverbunden wie sie uns weismachen möchten.

11 In Hannover an der Leine
   Strippenstraße Nummer acht
   Wohnt der Massenmörder Haarmann
   Der aus Kindern Blutwurst macht

   Warte warte nur ein Weilchen
   Bald kommt Haarmann auch zu dir
   Mit dem kleinen Hackebeilchen
   Klopft er leis an deine Tür

   Aus dem Bauch da macht er Würste
   Aus dem Rücken macht er Speck
   Aus dem Kopf da macht er Sülze
   Alles andre wirft er weg

12 Es war einmal und ist nicht mehr
   Ein kugelrunder Teddybär
   Da riß ich ihm die Haxen aus
   Da sah er wie ein Rollmops aus

13 Meine Mutter hat die Sperlinge gerupft
   Da sind sie nackt in der Pfanne rumgehupft

14 Du kleine Fliege
    Wenn ich dich kriege
    Dann reiß ich dir das linke Beinchen aus
    Dann mußt du hinken
    Auf einem Schinken
    Dann kommst du in das Stader Krankenhaus
    Dann wirst du balsamiert
    Mit Salbe eingeschmiert
    Mit Käse zugedeckt
    Dann bist verreckt

15 Auf du junger Wandersmann
    Schaff dir schnell ein Moped an
    Denn Mopedfahren ist gesund
    Einmal um die Ecke flitzen
    Und dann auf der Fresse sitzen
    Dann spendiert der Weihnachtsmann
    Dir nen neuen Gipsverband

16 Eins zwei drei wer ist der Schuft
    Der meine Tochter hat gebufft
    Man nehme ihm das linke Ei
    Das rechte schneide man entzwei
    Und fülle es sodann mit Blei
    Damit es um so schwerer sei

Während das porträtierende Gedicht sich in der Schilderung von Monstren und Mißgeburten gefällt, scheint es das erzählende darauf angelegt zu haben, uns direkt an dem Vorgang einer Deformierung teilnehmen zu lassen. Ohne jede tiefere gemütliche Anteilnahme, als ginge es hier um Puppen und nicht zumeist um Lebewesen, berichtet es uns von ihrer Zerlegung, und statt aufbauender Gedanken treffen wir allenthalben auf Destruktionstriebe und Horrorfreuden. Das sind fürwahr nicht gerade einnehmende Züge. Der latente Sadismus, der beispielsweise zum Vorschein kommt, wo eine Fliege, ein Teddybär, ein Sperling oder gar die Haarmanns-Kinder auseinandergenommen werden, kann selbstverständlich unsere Billigung nicht finden. Der Mangel an menschlicher Rührung, die nicht nur in dem Gedicht vom bösen Massenmörder und seiner Wurstfabrikation sichtbar wird, sondern in gleichem Maße in jenen Versen, die vom verunglückten Mopedfahrer oder vom elend geschändeten Kindesverführer handeln, will sich mit unserer Idiosynkrasie gegenüber der Brutalität nur wenig vertragen. Kurz, das sadistische Moment gefällt uns überhaupt nicht, und nicht ganz unbekümmert fragen wir nach den Gründen einer durch keine moralischen Erwägungen mehr legitimierten Lust an Greueln.

Trotzdem gibt es Gegenargumente, geeignet, unsere Skrupel und Vorbehalte zu zerstreuen, und ich möchte sie, wider Erwarten, gerade in dieser totalen Abwesenheit von Sentiment und Mitgefühl sehen. Die vorgeführten Versgrotesken verzichten nämlich nicht nur darauf, an die moralische Gänsehaut ihrer Konsumenten zu appellieren, sie treiben vielmehr auf eine so unsentimentale und unpersönliche Art ihren Scherz mit dem Erschröcklichen, daß sich ernsthaft niemand zur Täterschaft aufgefordert und kein Mensch, kein Kind sich irgendwie zu Identifikationen veranlaßt sieht. Daher treffen auch Wörter wie Sadismus und Destruktionslust den makaber erscheinenden Sachverhalt nur unzulänglich. Nicht Blutrünstigkeit wird erkennbar – nicht einmal im Miniaturformat –, sondern berechtigter Rachedurst, der den geläufigen Verromantisierungen des Daseins ein spaßig böses Gegenbild entbieten möchte. Der Impetus, der den zitierten und unzähligen anderen Verzerr-, Verform-, Verstümmel- und Denaturierestrophen zu Grunde liegt, zielt nicht auf Aufreizung, sondern auf Entzauberung. Wie das Kind, neugierig, sein Spielzeug auseinanderzunehmen pflegt, um zu erfahren, wie es zusammenhängt und was seinen Mechanismus bildet, so macht der Kindervers sich einen Spaß daraus, sich seine Umwelt zerlegt und aufgeteilt vorzustellen. Ein entschiedener Mangel an Vertrauen auf vorgegebene Ganzheiten verleitet zu ihrer Demontage. Klaffende Widersprüche zwischen der wirklichen, der materiellen Welt und ihrer Verklärung durch die Idealisierungsinstanzen verführen zur mutwilligen Zerstückelung des Heilen und Unbeschadeten. Und, siehe da – *Was sind wir Menschen doch! ein Wonhauß grimmer Schmertzen* – von all den großgeschriebenen Gotteswundern bleibt nicht mehr sehr viel, von weiblichem Liebreiz vielleicht ein Holzbein, ein zahnloses Maul, eine Watteeinlage, vom Geheimnis des Lebens eine Tintenfüllung, eine Schlachtplatte, vom Zauber eines Spielzeugs so etwas wie ein Rollmops, von heldischem Draufgängertum der Gipsverband.

Kein Zweifel, der Volksmund singt, wie ihm der Schnabel gewachsen ist, aber es klingt doch alles sehr viel anders als bei Wandervögeln. Es klingt auch anders als im Kolportage-, im HÖR ZU-Roman, von dem man doch so gern meint, er sei auf das Gemüt des Volkes zugeschnitten. Auch anders, als man glaubt, daß Rührstücke, Heimatschnulzen, Fernwehschlager, Opernarien, Gesangbuchtexte, Hesselbachiaden, Landserhefte und Fünfzehnpfennigblätter mit der Zeit hätten gewirkt haben müssen, das heißt verblödend und besänftigend in einem. Wenn sich überhaupt ein durchgehender Tenor in der Poesie des Volkes feststellen läßt, dann dieser, daß sie sich auf keinen Fall etwas vormachen lassen will, im Gegenteil, sie selber dient fast ausschließlich dem Abbau, der Zersetzung von Vorgemachtem, und es ist schon recht aufschlußreich, wenn selbst das erzählende Gedicht nicht Fiktionen schaffen, sondern Fiktionen zerstören hilft.

Als angreifenswert und der Entlarvung bedürftig gilt dem Volksmund schlechthin alles Hochgestellte, Ehrwürdige, Verbrämte, feierlich Getragene, idealistisch Aufgestockte. Anscheinend ist es dem dummen Volk, den dummen Kindern nicht ganz unbekannt geblieben, inwieweit die höheren Werte mit dem Devotionalienhandel zusammenhängen. Daß Wundergläubigkeit und Täuschbarkeit nur die zwei Seiten einer schäbigen Medaille sind, hat sich herumgesprochen. Zumindest sorgt der Untergrundsvers dafür, daß es sich weiter herumspricht und daß das Mißtrauen gegenüber den Verklärungsorganen zunimmt. Weil aber die Entrückungsmächte als ganze schlecht zu fassen sind, hält man sich vorzugsweise an ihre Würdenträger und Sachwalter, die nun ihrer Würde entkleidet und auf den Boden der Tatsachen zurückbeordert werden, deren Existenz sie am liebsten aus der Welt eskamotieren würden.

17 Frau Wirtin hat auch einen Pastor
   Der trug um den Schwanz nen Trauerflor
   Er konnt es nicht vergessen
   Daß ihm die böse Syphilis
   Die Eichel abgefressen

18 Frau Wirtin hat auch nen Kaplan
   Dem hat's der Türspalt angetan
   Einst trieb er's durch die Ritze
   Da schlug der Wind die Türe zu
   Weg war die Pfeifenspitze

19 Der Pfarrer von Kempten
   Der stärkt seine Hemden
   Mit eigenem Samen
   In Gottes Namen
   Amen

20 Der Pfarrer von Konnersreuth
   Der maust's Reserl bals ihn freut
   Und wenn sich's Reserl nimmer rührt
   Dann ist's stigmatisiert

21 Der Pfarrer von Speyer
   Hat blecherne Eier

>   Beim Beichten der Lackel
>   Macht er so ein Spektakel

> 22 Der Pfarrer von Loretto
>   Dem seiner wiegt netto
>   Zwei Kilo ein Pfund
>   Sonst ist er gesund

> 23 Der Pfarrer von Bräsiga
>   Hat än saumäßiga
>   Bocksteife hoariga
>   Rand um sein' Huat

Der Pfarrervers vertritt gewiß das einfachste Muster des Entlarvungsgedichtes, und sicher nicht das delikateste. Die Enthüllung vollzieht sich, wenn auch nicht ganz ohne Umschweif, so doch sehr direkt. Die Verleumdung richtet sich ziemlich eindeutig gegen den zölibatären Sittenkodex. Die Bloßstellungen streben immer auf die gleiche Pointe zu, wobei die witzige Wendung im einzelnen gelegentlich versöhnen und über den groben Enthüllungsgehalt hinwegsehen machen kann. Bei aller Primitivität reizvoller und, was die Enthüllungsweise selbst angeht, sogar differenzierter, will uns da schon eine Bloßstellungstechnik anmuten, die letzlich nicht mehr oder doch nicht nur allein den angesprochenen Objekten gilt, sondern den Erwartungen, die der Geschichte entgegengebracht werden. Würde man weit gehen wollen, so könnte man vielleicht sagen, daß wir es mit rudimentären Ansätzen einer literarischen Selbstreflexion zu tun bekommen; sie finden sich in der Tat, und wie wir noch sehen werden, bleibt es gar nicht einmal bei zaghaften Ansätzen oder kaum erkennbaren Vorformen; indes treten uns die einfachsten Äußerungen eines solchermaßen ironischen Erzählprinzipes in so natürlicher Verfassung entgegen, daß ein erster Untersuchungsbefund zwangsläufig gegen unsere Annahmen sprechen muß. Er tut es auch, solange wir nur feststellen, daß es einen Typus des Enthüllungsgedichtes gibt, in dem Enthüllung sich wortwörtlich auffaßt und Bloßstellung als Entkleidung vorgeführt wird. Die Perspektive verschiebt sich aber doch wohl zu Gunsten unserer Hypothese, wenn wir uns die fraglichen Erzählchen genauer ansehen und bemerken, daß die Entkleidungsvorstellung am Schluß eines jeden Gedichtes den ganzen Fabulieraufwand ad absurdum führt. Die Wendung, die der Hemd-und-Hosen-Vers am Ende nimmt, ins Unvermutete, beschert uns das Gewöhnlichste als Höhepunkt. Was nichts anderes sagt, als daß die oft lautstark, mit Feurio und Mordio eingeleitete Geschichte sich sehr abrupt über die eigene Fiktion hinwegsetzt und dem kreißenden Gebirg das unerwartete Mäuslein entschlüpfen läßt.

24 Es brennt es brennt
    Die Feuerwehr rennt
    Erster Stock zweiter Stock
    Da steht ne Frau im Unterrock

25 In Sörnewitz
    Da hat's geblitzt
    Da hat sich das Karlchen
    Im Hemd verpfitzt

26 Der Hitler kam geflogen
    Auf einem Faß Benzin
    Da dachten die Franzosen
    Das wär der Zeppelin

    Sie holten die Kanonen
    Und schossen auf ihn los
    Und da verlor der Hitler
    Gleich seine Unterhos

27 Eine Seefahrt die ist lustig
    Eine Seefahrt die ist schön
    Ja da kann man unsern Heini
    In der Unterhose sehn

28 In Offenau
    Da ist der Himmel blau
    Da tanzt der Ziegenbock
    Mit seiner Frau
    Im Unterrock

29 Morn geiht no Lindenau
    Door is de ganze Heben blau
    Door danzt de Zegenbock
    In'n pickswatten Ünnerrock

30 Da droben auf dem Berge
    Da ist der Teufel los
    Da zanken sich vier Zwerge
    Um einen Kartoffelkloß
    Der erste will ihn haben
    Der zweite läßt nicht los
    Der dritte fällt in' Graben
    Dem vierten platzt die Hos

31 Winnetou im Nachthemd
Kommt zu Old Shatterhand
Und sagt zu Old Shatterhand
Ich bin Winnetou im Nachthemd

Nicht soll hiermit gesagt sein, daß es dem Kind nicht ein besonderes Vergnügen machte, jemanden in der Unterhose zu sehen, da gibt es überhaupt keinen Zweifel, nur, bitte, auch immer an der rechten falschen Stelle! Diese hier angeführten Verse, nicht gerade trickreich, Gott bewahre, aber doch alle mit der unausgesprochenen Absicht, uns eine Geschichte zu erzählen, eine unerhörte Begebenheit, sie entführen uns an die selsamsten Örter, lassen uns an gefährlichen Seefahrten teilnehmen, führen uns katastrophale Geschehnisse vor Augen – («Es brennt, es brennt» – «In Sörnewitz / da hat's geblitzt» – «Da droben auf dem Berge / Da ist der Teufel los» – «Sie holen die Kanonen / Und schossen auf ihn los») und wenn man sich am Ende fragt, wohin das wohl führen wird, bleibt von der ganzen Ausstattungsoperette nur noch die geplatzte Hose oder der wehende Unterrock. Mithin liefert uns diese einfachste Form der Enthüllungsgeschichte die frappierende Wahrheit mit ins Haus, daß sich das Spannende und Extravagante am Ende auf ein höchst Banales und Bekanntes reimen.

Auch hierin unterscheidet sich die Untergrunds- ganz prinzipiell von der Trivialliteratur, die von den Illusionen der getäuschten Einfalt lebt. Diese versucht mit allen Mitteln des perspektivischen Bluffs Aufstiegs- als Fortschrittslinien vor das arglos blöde Auge zu projizieren. Wo sie die Welt verrückt, da immer im Sinne eines zugleich exotischen und biederlichen Glückszustandes, eines als erreichbar vorgespiegelten Unerreichbaren, einer quasi aus dem Ärmel hervorzuzaubernden Erfolgsgarantie; und es gehört zu ihrem eigenen Erfolgsrezept, daß sie ihre fadenscheinige Glaubwürdigkeit an keiner noch so dünnen Stelle in Frage zieht. In der Popularpoesie, in der geschätzten, immer wieder fehleingeschätzten Poesie des Volkes aber, in der Subpoesie, die einzig diesen Namen verdient, weil sie ihren Abnehmern, Teilnehmern, Anteilnehmern weder jenen ganzen Menschen in Aussicht stellt, zu dem sie es niemals bringen werden, noch sie in eine heile Welt entrückt, die nicht von dieser Erde ist, in dieser ehrlich und offen auf das Niedrige, Gemeine, Ordinäre, das heißt auf den Mann im Hemd, den Gummibusen und das Holzbein rekurrierenden Gattung, entstellt sich nicht nur das verzogene Heilsschema einer illusionären Romantik, die Bemühung um Desillusion schließt sogar das Geschichtenerzählen und das Zusammenfabeln harmonischer Daseinszustände selbst mit ein. Nicht zufällig, und hier scheinen die genannten Beispiele schon deutlich einen Weg zu weisen, gefällt sie sich in Geschichten, deren Absicht vor allem in der Zerstörung der erzählerischen Fiktion liegt. Diese Geschichten, Versgeschichten, lassen sich am ehesten mit den uns inzwischen bekannt gewordenen Fang- und Fallenreimen vergleichen. Auch sie versuchen das Interesse des potentiellen Zuhörers zunächst einmal mit groß aufgemachten Ankündigungen zu wecken. Allerdings nur, um die Erwartungen des Unerhörten und Niedagewesenen mit Platitüden abzuspeisen und die künstlich erzeugte Spannung ins Leere zu leiten.

32 Ich will dir was erzählen
    Von der Mutter Bählen
    Von der Mutter Kinkerlitzen
    Hat nen Floh im Hemde sitzen

33 Isch will der emol ebbes verzehle
    Von des Abbels Lene
    Wenn se ka Kartoffel hat
    Kann se aach ka scheele

34 Es war einmal ein Mann
    Der hatte keinen Kamm
    Da ging er hin und kauft sich einen
    Da hat er einen

35 Door weer mol'n Mann
    De harr keen Kamm
    Door köfft he sick een
    Door smeet he se an' Steen
    Door harr he weller keen

36 Sol a dar a Geschichd vazöln
    Vo da langar Ölln?
    Vo da kuazzn Wocha
    Hot mei Voda a Sau oogschdocha
    Gräich i a Wuaschd
    Gräixt du a Wuaschd
    Gräich i an Schbeeg
    Und du an Dreeg

37 Ich ging einmal ins Städtchen
    Und kaufte mir ein Rädchen
    Und kaufte mir ein Rad
    Und das war platt

38 Paulus schrieb an die Korinther:
    Wer nicht mitkommt, der bleibt hinter

39   Ham Sie schon gehört, der Papst ist tot?
     Alle Katholiken sind in Not
     Aber sie könn' sich freun
     Sie kriegen bald 'n neun

40   Ein Schuß erkrachte
     Billy Jenkins erwachte
     Er trat ans Fenster
     Und sah Gespenster
     Er nahm sein Gewehr
     Der Lauf war leer
     Er nahm sein Messer
     War auch nicht besser
     Er nahm seinen Colt
     Fortsetzung folgt –

41   Kennst du das Gedicht von Goethe?
     Eines Abends gingen späte
     Eine Wassermaus und Kröte
     Einen steilen Berg hinauf
     Sprach die Wassermaus zur Kröte:
     Kennst du das Gedicht von Goethe –

42   Ein Hund lief um die Ecke
     Und stahl dem Koch ein Ei
     Da nahm der Koch den Löffel
     Und schlug den Hund zu Brei
     Da kamen viele Hunde
     Und gruben ihm ein Grab
     Und setzten einen Grabstein
     Worauf geschrieben stand –

43   Ick sitze da und esse Klops
     Uff eemal kloppts
     Ick sitze kieke wundre mir
     Uff eemal is se uff de Tür
     Nanu denk ick ick denk nanu
     Jetzt iss se uff erst war se zu
     Und ick jeh raus und kieke
     Und wer steht draußen? Icke!

44   Hört ihr Leut und laßt euch sagen
     Unsere Glock hat nichts geschlagen

Ganz gleich, ob diese Pseudogeschichten den Zuhörer an der Nase, das heißt im Kreis herumführen, ob sie das Ende wieder in den Anfang münden lassen, ob sie den Schluß offen halten oder die hochgespannten Erwartungen mit einer Banalität belohnen, immer lösen sich die Erzählversprechen schließlich sage und schreibe zu nichts auf. Und nicht viel anders ist es mit den bekannten Lügenerzählungen, in denen alles und nichts passiert und jedes Ding sich im Handumdrehen in ein anderes verwandelt. Das Spiel mit der Fiktion wird im Verwandlungsgedicht sogar besonders deutlich. Wo es etwas hervor-, um-, fort- und wieder herbeizaubert, da ist das augenzwinkernde Eingeständnis der Unglaubwürdigkeit fast eine signifikante Begleiterscheinung. Beteuerungen wie «Dat is lögenhaft to vertellen, oder wohr is dat doch» oder «Ich will euch erzählen und will auch nicht lügen» oder «Ein Krebs ging auf die Hasenjagd, die Wahrheit kommt heraus mit Macht» oder «Hat Beine wie ne Leberwurst, ich weiß es ganz genau» oder «Un as ik hen no Wannen keem, door müß ik min egen Wunner ansehn» sind in den fragwürdigen Zusammenhängen alles andere als Identitätsausweise. Als solche sind sie erst wieder von einer quasi modo höheren Warte aus anzusprechen. Obwohl die Lügengeschichten sicher auch von einem allgemein vorhandenen Bedürfnis nach dem Unmöglichen, nach einem die engen Schranken der Kausalität ganz unvermittelt überfliegenden Wunderbaren partizipieren, lassen sie doch keinen Zweifel darüber, wo bei ihnen die Wahrheit aufhört und die Dichtung anfängt, und die forcierten Leumundszeugnisse in eigener Sache unterstreichen nur noch einmal die Fabelhaftigkeit der Incredibilität.

45 Ik weet een Leed
    Dat nümm's weet
    Ik harr 'n groote Tangen
    Door ree ik op no Wannen
    Un as ik hen no Wannen keem
    Door müß ik min egen Wunner ansehn
    Dat Kalv leeg in de Weeg un sung
    De Katt de seet bin Füür un spunn
    De Hunn de karrn de Bodder
    De Koh dat weer de Modder
    De Fellermüüs de fegen dat Hus
    De Müggen de dregen dat Mull hinut
    Achter de groote Kornschüün
    Door stünn' woll dree Kapuun
    De döschen door dat Hoberkaff
    Door bruuen se good Beer von af
    Dat Beer füng an to susen
    An' Stänner in' Husen

De Höner op den Wiemen
De schullen rein beswiemen
De Farken in den Koben
Wat deen se sik verjogen
De Duben von dat Heck
De fullen in den Dreck
De Kreip op den Pool
De füll door hendol
De Kuckuck mit den breeden Steert
De danz mit de Kluckheen üm' Füüerherd

46 Ek gah jetzt nach Hus
Un brah mek ne Mus
Un legge se upp de Fensterbank
Dann werd se hundert Ehlen lang
Un legge ik se upp'n Disch
Denn werd et 'n Fisch
Un legge ek se upp'n Herd
Denn werd se 'n Pferd –

47 Ik will jau wat vertellen
Von' olen Peiter Stellen
De harr 'n ole Mütz
De weur em nix mehr nütz

Hei smeet se op de Hellen
Tau füng se an to bellen

Hei smeet se op de Deel
Tau weur se gries un geel

Hei smeet se op den Böön
Tau kreeg se'n lütten Söhn

Hei smeet se op den Achterböön
Tau kreeg se'n lütten Slachtersöhn

Hei smeet se in dat Füüer
Tau weur se em to düüer

Hei smeet se op de Missen
Tau füng se an to pissen

Hei smeet se in den Soot
Tau weur se wedder goot

48 Es war einmal ein Mann
    Der hieß Pupann
    Pupann hieß er
    Einen großen Pup ließ er
    Den Pup tat er in die Tasche
    Da wurd er zur Flasche
    Die Flasche tat er ins Spind
    Da wurd's 'n Kind
    Das Kind legt er in die Wiege
    Da wurd's zur Fliege
    Die Fliege flog zum Fenster raus
    Und damit ist die Geschichte aus

49 Es war einmal ein Mann
    Der hieß Bimbam
    Bimbam hieß er
    Einen dicken Furz ließ er
    Er ließ ihn uff de Ofe
    Da war er wie gebrote
    Er ließ ihn uff die Bank
    Da war er krank
    Er ließ ihn zum Fenster 'naus
    Da war der Stänker draus

50 Ich saß auf einem Baum und aß Kirschen
    Die Steine spuckte ich einem Mann auf den Hut
    Dem folgte ich – bis an den Hafen
    Da waren drei Schiffe
    Ein unbeladenes ein beladenes und ein halbbeladenes
    Mit dem unbeladenen fuhr ich in ein fremdes Land
    Da war ein Inder der sagte: Komm mal her
    Ich ging zu ihm hin und kriegte eine Ohrfeige
    Da lief ich zu einem Stand, da schrie eine Frau:
    Kauft Bananen
    Ich verstand: Klaut Bananen
    Da sagte ein Polizist: Komm mal her
    Ich verstand: klaut noch mehr
    Und ich klaute bis mir die Taschen platzten
    Dann kam ich an eine Kirche
    Da sangen die Leute: Hallelujah
    Ich verstand, es ist kein Stuhl da
    Und setzte mich auf die Erde
    Da sagte der Pastor: mach die Bibel auf
    Ich verstand, mach die Stiefel auf

Und machte meine Stiefel auf
Da sagte er: Gib mir die Bibel
Ich verstand, gib mir die Stiefel
Und warf sie ihm an den Kopf
Dann stieg ich auf den Kirchturm
Da rief ein Polizist: Komm mal her
Und ich sprang runter
Das war mein Ende

51 Fünf Minuten vor Anfang der Welt
Ging ich auf ein Kartoffelfeld
Um Bananen zu pflücken vom Kirschenbaum
Da kam der Besitzer des Apfelbaumes und sagte:
Willst du mal runter vom Birnenbaum
Ich stieg herunter
Da geriet ich in eine Wüste
Da kam ich an ein schwarzes Haus
Da schaute ein weißer Neger heraus
Der sprach: Salam aleikum
Ich verstand, ich sollte mal reinkomm',
Und ging hinein
Da kam ich in ein Zimmer mit vier runden Ecken
in einer Ecke stand ein Pastor
Der predigte aus der zugeschlagenen Bibel was vor
Er sprach: Wie weit bist du
Ich verstand: Wie weit pißt du
Von hier bis an die Wand
Er sprach: Weiß ist die Wand
Ich verstand: scheiß auf die Bank
Und tat es
Da schrie er: Selig sind die Toten
Ich verstand: Beiß mir in die Pfoten
Und biß ihn
Da kamen auf einmal viele Leute herein
Die packten mich bei Armen und Beinen
Und warfen mich in eine tiefe Grube hinein
Ich aber sang mir eine Tonleiter
Und stieg wieder heraus

Wie instabil, wie wenig seßhaft die Gattung ist, bestätigt sich am besten durch die zahllosen Varianten, Kreuzungen, lokalen Umprägungen, in denen die einzelnen Gedichte bekannt sind. Von keiner könnte man sagen, daß sie den authentischen Wortlaut wiedergibt, die autorisierte Fassung, hier gibt es keine Lizenzgeber. Was man heute noch für die

Ausgabe letzter Hand halten möchte, begegnet uns schon morgen in ganz anderer Zusammensetzung. Diese Gedichte sind praktisch immer in Bewegung, immer auf der Achse, sie sind auf Zuwachs jederzeit vorbereitet, und wie jedes in der Lage ist, die heterogensten Fertigelemente aufzunehmen, so lösen sich dann auch wieder ganze Versgruppen aus dem angestammten Verband, um anderen Orts selbständige Metastasen zu bilden oder neue Bundesgenossenschaften einzugehen.

Die Subpoesie im allgemeinen, das Infinitesimalgedicht im besonderen rechnen demnach nicht auf die passive Identifikation von verblüfften Zuhörern, sondern auf Anteilnahme als praktische Beteiligung. Hier eröffnet sich uns eine Sphäre des Happenings, wo jeder Zuhörer sich einmischen und wirklich mitmischen kann, Hauptsache, er vermag auf einen Narren noch anderthalben zu setzen und haarsträubende Unsinnigkeiten in einschlägige Reime zu fassen. Erst dem Reim ist es gegeben, einen tollen Einfall haltbar zu machen, einen Witz überlieferungswürdig. Das betrifft nun, wohlverstanden, nicht das erzählende Gedicht allein. Ganz allgemein fällt dem Reim in der Umgangspoesie eine hervorragende Schlüsselrolle zu. Seine Funktionen sind außerordentlich vielfältig, sein Wirkungsbereich ist komplex. Zum einen dient er offensichtlich als Transportgerät, als Bindemittel, als Gedächtnisstütze, d. h., er erfüllt gewisse technische Voraussetzungen der Nachrichtenübermittlung; zum andern – ein Schmuckblatttelegramm ist er nicht – wohnt ihm eine selbständige Beweiskraft inne, stellt er ein Argument dar, einen schlüssigen Beleg, der faktisch durch nichts zu widerlegen ist – es sei denn durch Gegenreime. Bei alledem gerät sein fiktives Wesen, seine künstliche Existenz nie ganz aus dem Bewußtsein; richtiger: der Volksgeist, der kein Fabelwesen ist, kein Mythos, sondern eine inoffizielle Entität des öffentlichen Bewußtseins, gibt auch dem Reim etwas von seinem eigenen zwinkernden Mißtrauen mit auf den Weg, von seinem mangelnden Wunderglauben, seiner Spottlust, seiner Arbeiter- und Bauernschläue. Schon der mehrfach erwähnte Fallenvers hat mit den zaubrischen Beschwörformeln der Vorzeit nur noch sehr wenig zu tun; viel lieber möchte man Trickmodelle denken, die ihre Mechanik jedem einsichtig machen, der sie kennenlernen will. Der kindliche Abwehrreim, wo er auf die schwarzen Männer einer beliebten Horrorpädagogik sich einläßt, entmythologisiert den dummen Popanz auf seine Weise; er erinnert in seinen rezenten Formen überhaupt nicht mehr an Geisteraustreiben, sondern an Gespensterentlarvung. Und genau so treffen wir das zeitgenössische Lügengedicht in einer Verfassung an, die bezeugt, daß der Volksgeist längst in seine kritische Phase getreten ist. Kein Weg führt von hier aus zurück zu den proteischen Verwandlungsmythen einer gern groß und alt zugleich genannten Zeit. Während der Verwandlungsvers der heroischen Ära,

> Erstlich ward er ein Leu mit fürchterlich wallender Mähne,
> Drauf ein Pardel, ein bläulicher Drach und ein zürnender Eber,
> Floß dann als Wasser und rauscht als Baum in den Wolken,
> Aber wir hielten ihn fest mit unerschrockener Seele.

und eben nicht nur er, sondern eine kaum noch zu übersehende Nachfolge vom keltischen Schamanen («Ich bin gewesen ein schwarzer Lachs, ich bin gewesen ein Hund, ich bin gewesen ein Hirsch und ein Rehbock auf dem Gebirge und der Stamm eines Baumes») bis hin zum surrealistischen Obskuranten («meine Frau mit dem Mund wie eine Kokarde wie ein Strauß der allergrößten Sterne / ihre Zähne die Spur einer weißen Maus auf weißer Erde / die Zunge aus geriebenem Bernstein und Glas / die Zunge meiner Frau eine erdolchte Hostie / ihre Zunge eine Puppe die die Augen öffnet und schließt / ihre Zunge aus seltsamem Stein») an einer Mystifizierung des Daseins webte und weiter webt, während also die hohe Kunst und der wunderglaubige Kopf sich nicht unbedingt ausschließen, scheint unsere zeitgenössische Volkspoesie mit Mystifikationen dieser Art nicht allzuviel im Sinn zu haben. Der Glaube an Wunderdinge hat sich nicht nur verloren, ihm gilt recht eigentlich der Spott der unscheinbaren Unternehmung. Weshalb man auch besser nicht von abgesunkenem Kulturland sprechen sollte, zweifelhaften Sekundärformen und Degenerationsprodukten, sondern von einer in sich geschlossenen Gegenkultur mit eignen Intentionen und – einem spezifisch ausgebildeten Bewußtsein.

Eigene Wesenszüge lassen sich oft aus scheinbaren Kleinigkeiten herauslesen. Zum Beispiel müssen es nicht immer offensichtliche Protestkundgebungen sein, die sich als Gattungsmerkmal anbieten. Die Zersetzung des Mythos und seine Herausforderung durch den Gegenmythos impliziert Kritik, Polemik vergleichsweise still und unauffällig. Das gespannte Verhältnis zwischen dem gesellschaftlichen Untergrund und dem zu Recht der Herrschaft zugehörig empfundenen Überbau bedarf nicht zwingend des Austrags mit terroristischen Mitteln, der Zote, dem Sakrileg, der Denkmalsschändung; es kann sich überzeugend bereits im Einsatz der künstlerischen Mittel dartun; und wie das Lügengedicht als Ganzes, so zeigt auch die volkstümliche Auffassung des Reims im einzelnen, welches Bewußtsein sich hier die Kunstmittel in seinem Sinne zurechtlegt.

Abgesehen von seinen mutmaßlichen Ursprüngen in der Antike (Aristophanes, Plautus), wo der Reim als komisch empfunden und zur Erzeugung von Theaterkomik benutzt wurde, hat sogenannte Hochliteratur sich eigentlich immer bemüht, dem Rein ein ernstes Ansehen zu verleihen. Schon in den altitalischen Carmina begegnet er uns zaubrisch, dunkel, würdevoll und wunderprall. In der frühen christlichen Hymnendichtung, so bei Commodian, vor allem bei Ambrosius, läutet er Andacht ein, nimmt er feierlichen Glockenton an. Mit der Ehrfurcht gebietenden Brummigkeit des heidnischen Dämonenbanners spricht er uns noch aus den christianisierten deutschen Zaubersprüchen an. Die mittelhochdeutsche Reimpredigt sieht ihn eher sonor und salbungsvoll. Zu wirklicher Kultur bringt er es erst in der mittelhochdeutschen Klassik. Sein beachtlicher Gewinn an Reinheit, Glanz und weltlicher Geschmeidigkeit ist aber auch nicht gerade angetan, ihm etwas von seinem eingeführten Feiertagscharakter zu nehmen; seine Aura hat sich gewissermaßen nur säkularisiert, sein Appell an dumpfen Wunderglauben zum Anspruch auf Bewunderung verwandelt. Wo immer wir ihm aber auf seinem langen, abwechslungsreichen Wege weiter begegnen, entweder versucht er uns auf alte Medizinmanns- und Schamanenweise anzusprechen, beschwörend, oder er sucht ein Aufsehen als akustisches Bravourstück und aristokratische Turnierleistung.

Ausnahmen bestätigen gerade hier die Regel. Witzig oder komisch wurde der Reim nur am Rande – wo das niedere Volk sich einmischte, Spielleute mit ins Spiel kamen, die Kunst auf die Straße ging. Das Volk hat dem Reim nie rechten Glauben, aber immer gutes Gehör geschenkt. Das hat dann andererseits auch wieder seinen Einfluß auf die Berufsdichter gehabt, was Namen wie Wolkenstein, Voigtländer, Greflinger, schließlich Heine und auch Brecht zur Genüge bestätigen, die ganze demokratische Bewegung. Viel zuwenig scheint aber bewußt, daß der Popular-, der Volks-, der Gassen- oder Gossenreim es nicht im mindesten darauf abgesehen hat, es den erhabenen Mustern gleichzutun, daß er also nicht das armselig ohnmächtige Streben nach hoher Kunst bedeutet, kultischer Geisterbeschwörung oder geistigem Adelsdiplom, sondern zunächst einmal Belustigung. Mit dem Wahrsagereim, dem Prunkreim tritt er allenfalls insoweit in Konkurrenz, als er über sie sich lustig macht. Zwar orakelt auch er gelegentlich, aber nur zum Schein, und statt dunkler Wahrsprüche liefert er bunte Scherzartikel. Auch schwingt er sich schon einmal aufs hohe Roß und präsentiert uns akustisches Rarissima, indes ist sein Hang zur Prachtentfaltung gering, seine Lust an der Bloßstellung bei weitem größer, und wo er zum Spaß mit künstlichen Zähnen glänzt und falschen Zöpfen prahlt, da denunziert er unter der Hand die ganze hochgeborene Verwandtschaft.

Können wir die Lügengeschichte mit Fug und Recht eine Entlarvungsgeschichte nennen, so den Reim einen Lügendetektor. Im Kettenreim scheint er uns eine rechte Narrenschelle, wir muten ihm aber wohl nicht zuviel zu, wenn wir meinen, daß hier immer auch ein bißchen Wahrheit mit ausgeläutet wird. Kundmachungen der neuesten Zeitung und Korrekturen zu Tagesmeldungen sind freilich nicht so sehr sein Fall. Eher schon gilt sein immer wacher Spott gewissen Formen der Berichterstattung, gewissen Formen der Wundergläubigkeit, gewissen Formen der literarischen Fiktion, gewissen Formen der Suggestibilität. Daß es der Volkspoesie grundsätzlich um eine Auflehnung dessen gehen kann, was man dichterische Imagination oder poetischen Zauber nennt, macht schon die Lügengeschichte augenscheinlich. Mit dem Kettenreim, so harmlos er sich ausnimmt, wird dann das zweite große Suggestionsmoment der Dichtkunst hybrid. Das Versepos in der Nußschale entpuppt sich als Anschlag auf die altehrwürdige Gattung. Das Vergnügen am überanstrengten Reim läßt Freude über seine Auflösung erkennen. Ohne daß es sich offen ausgesprochen sieht (zu denken an das Gegenbeispiel «Wiesel» – «Kiesel» – «Bachgeriesel»), wird der Reim als Würdenträger diskreditiert, als Wahrsager verlacht, als magisches Binde- und Beschwörungsmittel in Frage gestellt.

52 Is dees woa
    Daß a Groa
    En an Joa
    Schebbal Hoa
    Hindan Oa
    Waxn loa
    Koa?

53 Uff'm Termsche sitzt ä Wermsche
    Hat ä Schermche unnerm Ermsche
    Kimmt ä Stermsche, werft d's Wermsche
    Mit semt'm Schermsche unnerm Ermsche
    Von'm Termsche

54 Der Leutnant von Leuthen
    Befahl seinen Leuten
    Nicht eher zu läuten
    Bis der Leutnant von Leuthen
    Seinen Leuten
    Das Läuten befahl

55 Frau von Hagen
    Darf ich's wagen
    Sie zu fragen
    Wieviel Kragen
    Sie getragen
    Als sie lagen
    Krank am Magen
    Im Spital zu Kopenhagen?

56 Bambula das Negerweib
    Rupfte sich zum Zeitvertreib
    Drei Haare aus dem Unterleib.

57 Uff eem Berche
    Da steht ne Kerche
    Die zerruppen zwee Zwerche
    Herr Gott is das ä Gewärche

58 Herr Jemineh
    Der schoß dem Reh
    Das Been entzwee
    Da schrie das Reh
    Herr Jemineh
    Wie tut das weh

59 Herr Micke und Frau Micke
    Gingen zusammen über die Jannowitzbricke
    Da nahm Herr Micke die Kricke
    Und schlug Frau Micke ins Genicke
    Das war der Mord auf der Jannowitzbricke

60 Es kann vorkommen
    Daß die Nachkommen
    Mit ihrem Einkommen
    Nicht auskommen
    Und dabei vollkommen
    Umkommen

61 Wo heet dien Schipp?
    John Bull.
    Nehm fort Ji hen?
    No Hull.
    Fohrt Ji leddig oder vull?
    Vull.
    Wat hebbt Ji lod?
    Wull.
    Wat is de Woterstand bi Texel?
    Null.
    Wo heet de Kaptein?
    Krull.
    Und de Stüermann?
    Kuddl Knull.
    Minsch du böst woll dull?
    Nee vull.

62 Es gibt Goleechen
    Die andern Goleechen
    In' Rucksack seechen
    Un dann noch gleechen
    Sie ham schlechte Goleechen

Wenn der Kettenreim eines gewiß nicht will, dann Geschichten erzählen. Er will sich nicht zuletzt lustig machen über das Geschichtenerzählen selbst, und er trifft sich hier – das zeigen unter anderem die vielen Kreuzungsprodukte – mit dem Aufschneidevers und dem im Folgenden zu behandelnden Abschneidevers. Der Name für die letztere Versart, zugegeben, kommt uns im Augenblick, und es ist durchaus möglich, daß eine Neigung zur antithetischen Formulierung ihn uns eingegeben hat. Wir werden aber bald sehen, daß er diese Benennung reichlich rechtfertigt und auch, daß er im Rahmen der Scheinerzählung so etwas wie den verschlagenen Bruder des vergleichsweise biedersinnigen Lügenmärchens darstellt.

Mit dem Kettenreim verbindet ihn das deutliche Interesse am Echoeffekt. Er hat es aber nicht auf seine Inflationierung abgesehen und nicht auf den Spaß, den das Spiel mit der scheinbaren Omnipotenz bereitet, er lebt gewissermaßen von seinen Auslassungen. Anders gesagt, der Reim wird dadurch exponiert, daß man ihn unterdrückt. Das hat, wie wir gleich sehen werden, seine guten (oder schlimmen) Gründe. Der unterdrückte, der verschluckte Reim wird wie ein schwarzer Peter dem Zuhörer zugeschoben (der auch ein vorgestellter Lauscher sein kann), und ein gut Teil Lust, die er verursacht, hängt mit der Verlegenheit zusammen, die auf der anderen Seite ausgelöst wird, zumindest ausgelöst werden möchte.

Als Quelle weiteren Vergnügens muß dann die Tatsache gelten, daß der Geschichtenerzähler selbst den Unschuldsengel spielen kann. Die fraglichen Verdrängungsmodelle laufen nämlich nicht nur darauf hinaus, daß der Reim die obszöne Vorstellung nicht einzulösen gewillt ist, die der Kontext suggeriert, und daß der Verdrängungsinhalt dem Empfänger aufgedrängt wird, der Vortragende darf sich in jedem Falle schuldlos fühlen. Wiewohl es sich hier meist um faustdick unanständige Anspielungen handelt, kann der Anspielende sich jederzeit hinter die potemkinsche Anstandsfassade zurückziehen.

63 Hoor an Hoor
    Buuk an Buuk
    Stieben völuut –
    Wat is dat?

So zum Beispiel lautet ein Fangrätsel, das in Norddeutschland gut bekannt ist, und dessen scheel blickende Schlußfrage für das gleisnerische Wesen der ganzen Innung spricht. Wer hier die rechte Lösung nicht parat hat, *zwei Pferde vorm Wagen*, der wird zwangsläufig aufs falsche Pferd setzen, die Antwort, die sich ihm nahelegt, aber in jedem Fall vermeiden wollen. Aus solcher Verlegenheit speist sich das Überlegenheitsgefühl des Kenners, der immer ins Unverdächtige entkommt.

Nicht ohne Grund gehört die Mehrzahl so oder ähnlich angelegter Denkste-Verse ins erzählende Genre. Zwar findet sich das Spiel mit dem verweigerten Reim auch im Bereich der Merksprüche («Coca-Cola nach dem Tanz / Hebt die Stimmung und den Schwung» – «Der alte Brauch wird nicht geknickt / Bei Regen wird im Saal getanzt» – «Rosen, Tulpen und Narzissen / Das ganze Leben ist bescheiden»), doch eigentlich eher am Rande und als unmaßgebliche Beigabe; konstitutiv wird das Verdrängungsprinzip erst in der Vexiererzählung, gleich ob sie harmlos beginnt, dann auf die Zote zusteuert und wieder den Schein des Arglosen annimmt, oder ob sie die Phantasie durchgehend auf höchst frivol erscheinende Tatbestände lenkt, die wahre Absicht hinter einem Pokerface von Unschuldsmiene verbergend.

64 Am Fulebacher Wägli
    Am Fulebacher Stuty
    Da sitze drei Froue
    Und chratze sich am
    Fulebacher Wägli –

65 Wenn's dich beißt am Augendeckel
    So chratze dort und nicht am Sek –
    Undarschullehrer sei Meitsch het Hoor am fu-
    Rt Buebe, do werd net geschuttet.

66 Alex komm mal runter
    In die Autogarasch (Erdbeerplantasch)
    Da sitzt ein kleiner Neger
    Der pult sich am
    Alex komm mal runter –

67 Pepita hat ein Röckchen an
    Das reicht ihr bis zum Knie
    Und wenn Pepita tanzen geht
    Dann sieht man ihr
    Pepita hat ein Röckchen an –

68 Beim Schwanenwirt ist Kirwa
    Beim Schwanenwirt ist Tanz
    Da packt die Frau vom Schwanenwirt
    Den Schwanenwirt beim
    Schwanenwirt ist Kirwa –

69 Scheint die liebe Sonne
    Am Morgen so warm
    Da geh ich zum Bach
    Mit Papier unterm Arm
    Scheint die liebe Sonne
    Am Mittag so heiß
    Da sitzt der Bürgermeister
    Am Bache und
    Scheint die liebe Sonne –

70 Der neue Hut der weiße
    Der flog mir in die –
    Schad ja nischt
    Ist schon wieder abgewischt

71 Bolle wollte angeln gehn
    Bis zum Hemd im Wasser stehn
    Fischlein treiben Schabernack
    Beißen Bolle in den Saum

72 Ein Mann der saß am Meeresstrand
    Mit einer Angel in der Hand
    Er wollte fangen einen Barsch
    Das Wasser ging ihm bis zum Knie

73 Lieber Maler male mir
    Meiner Frau zum Trotze
    Über unsre Stubentür
    Eine große Fuhrmannspeitsche
    Muß ein Junge haben
    Wenn er will nach Leipzig fahren
    Dann da gibt es viele Brücken
    Da kann man gut drunter
    Frühstücken –

74 Maurerleut und Zimmrerleut
    Ha'm die schönste Arbeitszeit
    Wennst so an Kerl sigst

Steht er hinterm Baum und
Wickelt sich sei Brotzeit aus

Das offene Wort evozieren und es trotzdem vermeiden, ist eine Redeweise, die Brecht einmal als Sklavensprache bezeichnet hat. Wir wollen diesen Terminus, anderen Gegenständen zugedacht und heikleren Situationen besser angemessen, hier gewiß nicht überdehnen, meinen aber, daß das frivole Spiel mit den bürgerlichen Anstandsregeln ohne den drückenden Tabuzwang der Sittenverordnungen gar nicht denkbar wäre. Es muß auch keineswegs immer der sichtbare Dritte sein, den der Reim und seine Zuträger in eine peinliche Rolle bringen möchten. Das heimliche Ziel der Provokation ist vornehmlich wohl der Moralkodex selbst und seine Sittenwächter. Es ist demnach nicht ausgeschlossen, daß so ein Vertreter der öffentlich genannten Moral einmal genau das Schauspiel gibt, das der Vers sich von ihm erwartet. In einigen Gerichtsverfahren, die noch vor gar nicht so langer Zeit in Hamburg und Köln zur Verhandlung kamen, wurden Personen angeklagt, die sich um den Volksmund insofern verdient gemacht hatten, als sie einige gemeinhin nur bruchstückhaft bekannte Populartexte hektografiert, auf Platten geprägt und also einer doch wohl bedauerlichen Vergessenheit entrissen hatten. Das Tollste an besagten Vorgängen war freilich nicht, daß hier dem Volksmund im Namen des Volkes der Mund verboten wurde, darauf muß er immer gefaßt sein, sondern daß das Verlangen nach dem verweigerten Bedeutungsgehalt einen Richter (Herrn Dr. Driesch aus Köln) bewegen konnte, den Anspielungssinn öffentlich einzuklagen: «Na, Frau Lersch, was haben Sie sich denn beim ‹Spargellied› gedacht?» Jenun, «an Spargel, Herr Richter», was denn auch wohl nicht gut zu widerlegen, nur zu bestrafen war.

Bleibt ein Eindruck vom Geist unserer Tugendwachtbetriebe, der uns die Notwendigkeit der Verschlüsselung schon verständlich machen kann. Der Volksmund, ständig im Auftrag einer Prüderie verfolgt, repräsentativ durch jenes Gerichtssaalpublikum vertreten, das aus Mangel an befriedigenderen Beschäftigungen der Enthüllung von andrer Leute Fehltritten beizuwohnen liebt, dieser Volksmund muß in der Tat auf der Hut sein. Er muß einkalkulieren, daß potentielle Anschwärzer und Denunzianten immer auf der Lauer liegen. Er darf sich, allzeit ungetrost, beschattet fühlen durch einen imaginären Volksgerichtshof, dessen Aufgabe darin besteht, das Volk zu inkriminieren. So darf es kaum Wunder nehmen, wenn eben dieser Volksmund Provokationsformen entwickelt zeigt, die gerade dem ungebetenen Lauscher gelten. Alle die angeführten Versgebilde, wie primitiv sie sich gelegentlich ausnehmen, versuchen die Phantasie der entrüsteten Selbstgerechtigkeit auf Gegenstände zu lenken, von denen ihr Tugendanspruch sich ständig distanziert. Sie erzwingen die unfreiwillige Anteilnahme der Mucker und führen den voyierenden Denunzianten an der Nase herum.

75 Ich hab den dicksten
Ich hab den dicksten
Ich hab den dicksten Mann der Welt gesehn
Er wollte Vögeln
Er wollte Vögeln
Er wollte Vögeln das Genick umdrehn

Er wollte wichsen
Er wollte wichsen
Er wollte wichsen seinen Überziehr

Er machte Kinder –
Er machte Kinder –
Er machte Kinderhüte aus Papier

76 Ein altes Weib wollt kucken gehn
Da war die Tür verschlossen
Da sah sie eine Leiter stehn
Und kuckte durch die Sprossen
Jedoch die Leiter brach entzwei
Der alten Frau zum Trotze
Da fiel sie in den Dornenbusch
Und stach sich in den Finger Finger Finger Finger

77 Ein Mädchen saß und zupfte
An einem langen Ding
Das zwischen zwei Beinen
An einem Beutel hing
Sie saß daran und zupfte
Bis sich der Strahl ergoß
Und zwischen ihren Beinen
In eine Öffnung floß
Denn sie melkte eine Kuh
Es war die Sennersmaid (Arbeitsmaid)
Beim schönsten Zeitvertreib
Na, was sagste nu?

VII Ich hab mich ergeben

Wenn wir bisher schon öfter haben feststellen können, daß das gespannte Verhältnis zur Autorität eine Konstituante der Volkspoesie ist und die Auseinandersetzung mit Herrschaftsverhältnissen eine Art von Leitmotiv, dann ist es vielleicht ganz interessant, daß sich nun im Schulgedicht, das heißt in Versen, die der Schule, dem Lehrer und der Situation des Schülers im besonderen gewidmet sind, ein wirklich abweichender Verstypus konfrontiert.

Anscheinend beginnt mit der Schulzeit etwas für das Kind, was seine Umwelt- und Lebensbedingungen von Grund auf revolutioniert. Unwiderruflich sieht der Schüler sich auf Disziplinen verpflichtet, auf Wertungen festgelegt, in Enttäuschungen verstrickt, die ihm bislang unbekannt waren. Die Zeit, wo es kraft seiner Phantasie die Welt in direktem Angriff glaubte nehmen zu können, weicht einer anderen mit neuen Gesetzen, neuen Reglements und neuartigen Bewährungsproben. Ja, es scheint fast so, als ob das ganze Wettbewerbsmuster der freien Kinderzeit aus den Fugen geraten wäre und Konkurrenzmittel, wie sie auf freier Wildbahn die Interessen absteckten und die Machtverhältnisse ins Reine brachten, mit einem Male überfällig geworden wären. Aus Königen der Straßenecken können Nachzügler und Sitzenbleiber werden. Trotz, Opposition und Eigensinn sehen sich plötzlich auf die Hinterbank verdammt.

Dieser neuen Situation paßt sich der Kindervers auf überraschende Weise an. War er bisher ein Mittel, wohl geeignet, Versagungen keck paroli zu bieten, ein verlängerter Arm vielleicht, eine dritte Hand, so wird er jetzt zum *Ausdrucks*-Mittel seines Benutzers. Es ist der Versager, und mit ihm sicher der ganze graue Durchschnitt, der sich in Verse flüchtet, aus denen eine hoffnungslose Lage spricht. Es ist das Lebensgefühl von Erniedrigten und Beleidigten, das hier zur Äußerung drängt. Es ist die große Minderwertigkeitskrise von aus der Bahn Gekommenen, richtiger von frisch Eingegleisten, die jetzt ihre eigne kummervolle Melodie singt. Es ist aber wohl nicht zu leugnen, daß gerade der Schülervers bereits die Folgen des Domestikationserlebnisses erkennen läßt. Die hier in ihre Kümmernisse Einblick geben, haben sich aufgegeben und verzichten auf offenen Widerstand.

 1 Ich hab mich ergeben
  In der Schule auf der Bank
  Der Lehrer steht daneben
  Mit dem Rohrstock in der Hand

2   Ich hab mich übergeben
    In der Schule auf der Bank
    Meine Schwester steht daneben
    Mit 'm Pißpott in der Hand

3   O Tannenbaum O Tannenbaum
    Der Lehrer hat mich blaugehaun
    Jetzt muß ich in der Ecke stehn
    Und mir die kahle Wand besehn

4   O Tannenbaum O Tannenbaum
    Der Lehrer hat mir 'n Arsch verhaun
    O Tannenbaum O Tannenbaum
    Dafür schiff ich ihm an den Zaun

Die Verse, die explizit aus der Schule plaudern und sich mit den Lehrpersonen ins Benehmen setzen, haben mit Provokationsstrophen, wie wir sie als Handwerkerschimpf oder Verwandtenspott bisher kennengelernt haben, nichts mehr zu tun. Gelöst aus dem angestammten Zusammenhalt der Familie, aber auch der Kumpanei der Spielplatzclique nicht mehr gar so sicher, sehen sich die Kinder, jedes für sich allein und wirklich in eigener Verantwortung, einer neuen Ordnungsmacht gegenüber. Welch schöne, gesicherte und leicht zu beschwörende Zusammenhänge einst von «Ich und du und wir zwei beiden». Welch selige und unverbrüchliche Einheit von «Ich und Öttchen sitzen auf 'm Pöttchen». Welch handliche Hieb- und Stichwaffe der Vers in allen Dingen der internen Interessenregelung «Laß das / Mein Vater haßt das / Meine Mutter liebt das / Bei dir piept das»). Welches über alle Zweifel und Anfechtungen erhabene Vertrauen in die Schlagkraft eines Reims, gleich ob man ihn zur Einschüchterung des Andringlings benutzt oder zur Abwehr unliebsamer Beschuldigungen. Jetzt wo sich der Alltag plötzlich durch ganz andere Bewährungsregeln bestimmt sieht als bekannte Spielregeln, büßt auch das probate Versinstrumentarium viel von seinem alten Kredit ein. Der Reim weiß sich auf die veränderte Situation keinen rechten Rat und wird zum Stimmungsträger und Ausdrucksmittel des von allen guten Geistern verlassenen Individuums.

Als eigenartig dürfen wir dabei vermerken, daß das Auftauchen eines «Ich» in der Volkspoesie so eng mit wehmütigen Reflexionen über seine Leidensrolle verbunden ist. Subpoesie, wie wir sie bisher untersucht und vorgeführt haben, kennt ja ein «Ich» im eigentlichen Sinne gar nicht; von subjektiven Stimmungen und Gefühlsregungen wird nicht die geringste Notiz genommen: der Untergrundvers dient der Selbstbehauptung, nicht der Selbstbespiegelung. Das ändert sich nun schlagartig, wenn auch nicht für alle Zeit, mit dem Eintritt des Kindes in das Schulreich. Ein ganzes robustes System von Tast-, Schlag-, Schimpf-, Spott-, Fallen-, Orientierungs- und Entlarveversen bricht unter der Hand zusammen, und ehe der Geist sich noch selber als Waffe erfährt, die kritisch oder planend über die Zusammenhänge der Welt verfügt, sieht das unsanft und unfreiwillig zur Erkenntnis aufgerufene Subjekt zunächst überhaupt nichts anderes als seine eigne Insuffizienz.

5 1 2 3 4 5 6 7 –
In der Schule wird geschrieben
In der Schule wird gelacht
Bis der Lehrer pum-pum macht
Au Herr Lehrer das tut weh
Morgen komm ich nimmermehr
Übermorgen bin ich da
Aber mit der Großmama
Großmama ist nicht so dumm
Haut dem Lehrer die Nase krumm

6 Heute gibt es Jammerlappen
O wie wird der Vater jappen
O was wird die Mutter schrein
Wenn die Kinder sitzenblei'm

7 Leise rieselt die Vier
Auf das Zeugnispapier
Horcht nur wie lieblich es schallt
Wenn mein Vater mir 'n paar knallt

8 Wenn die Uhre achte schlägt
kommt der Lehrer angefegt
mit dem Stöckchen unterm Röckchen
haut den Kindern blaue Fleckchen
blaue Fleckchen sind gesund
Lehrer ist ein Schweinehund

9 Leirer mit 'n Bössensteel
Sleiht de Kinner veel to veel
Veel to veel is ungesund
Leirer is 'n Swienehund

10 – ist ne schöne Stadt
Die auch eine Schule hat
Die Schule ist aus Lehm gebaut
Die wackelt wenn der Lehrer haut

11   — ist ne schöne Stadt
      Die auch eine Schule hat
      Der Lehrer der ist dick und fett
      Er frißt den Kindern das Frühstück weg

12   Ele mele mule
      Wir ham heut keine Schule
      Warum denn nicht? Warum denn nicht?
      Die Lehrerin hat 'n Kind gekriegt

13   Der Himmel ist blau das Wetter ist heiter
      Wir haben alle weiße Kleider
      Herr Lehrer wir möchten sie gern schmutzig machen
      Darum lassen Sie uns einen Spaziergang machen

14   Die Sonne die scheint
      Das Wetter ist schön
      Herr Lehrer wir wollen spazierengehn

15a   Von den blauen Bergen kommen wir
      Unser Lehrer ist genau so doof wie wir
      Mit der Brille auf der Nase
      Sieht er aus wie 'n Osterhase
      Von den blauen Bergen kommen wir

15b   Mit der Brille auf der Neese
      Sieht er aus wie 'n Harzer Käse
      Von den blauen Bergen kommen wir

16   Leise zieht durch mein Gemüt
      Bimmel und Gebammel
      Und aus dem Gymnasium zieht
      Eine Herde Hammel

17   Hic haec hoc
      Der Lehrer hat 'n Stock
      Is ea id
      Was will er denn damit
      Sum fui esse
      Er haut dir in die Fresse
      Ille illa illud
      Bis daß die Nase blut'

Nehmen wir Verse wie die zitierten beim Wort, dann sehen wir, daß das Motiv der Prügelstrafe oder des Einprügelns, daß melancholische

Betrachtungen über Schülerlos und Schülerleid wahrhaft zum Leidmotiv geworden sind. Das ist selbstverständlich nicht denkbar ohne einen Hintergrund aus Rohrstockpädagogik wie er jahrhundertelang das Erziehungsbild bestimmt hat. Die anhaltende Beliebtheit solcher Strophen mag aber dartun, daß sich der Schüler auch heute noch als Prügelknabe vorkommt und Mnemotechnik und Steißtrommlerei sich ihm bruchlos zum bösen Reime fügen.

Dokumentationen offener Aufsässigkeit sind dabei bezeichnenderweise selten. Die rebellische Tonart, wie wir sie aus anderen Verlautbarungen des Kindermundes kennengelernt haben und wie sie uns als selbstverständliche Begleiterscheinung noch gut in der Erinnerung ist, weicht einer leicht masochistischen Wehleidigkeit. Der Wunsch, dem Reglement wenigstens für eine Weile zu entkommen, kleidet sich in die flehentliche Bitte an den Lehrer: «Herr Lehrer, wir wollen spazierengehn». Die Aggression, die ihrer selbst nicht mehr sicher ist, verschanzt sich hinter der Drohung, die Großmutter herbeizurufen, die einst so gern geschmähte. Fast möchte man sagen, daß das Vermögen, frech und unbefangen mit Dreck zu werfen, vorübergehend verlorengegangen scheint; denn wer sagt, daß er sich ergeben oder übergeben habe, wer die eigene Gruppe mit gebührender Selbstironie «eine Herde Hammel» nennt und den Lehrer allenfalls «genau so doof wie wir», der haut nicht mehr zu, greift nicht mehr an, sondern mokiert sich über die eigne Ohnmacht und die eigne Unzulänglichkeit.

18 Wir sind doof
   Wie seid ihr
   Seid ihr auch so doof wie wir
   Dann sind wir alle doof

19 Wir sind vom Idiotenclub
   Und laden herzlich ein
   Bei uns ist jeder gern gesehn
   Nur dußlig muß er sein
   Bei uns gilt die Parole
   Stets doof bis in den Tod
   Und wer bei uns der Doofste ist
   Ist Oberidiot

Auch solche Verse gehören in den engeren Umkreis der Schulpoesie. Sie sind nicht denkbar ohne ein kollektives Insuffizienzerlebnis, und sie charakterisieren ein Bewußtsein, das erheblich von allem abweicht, was sich uns bisher als Geist der Kinderpoesie zu erkennen gegeben hat. Geradezu undenkbar beim frühen Kindervers ist dieser Hang zur Selbstpersiflage. Durch keinerlei Skrupel in eigner Sache beeinträchtigt, bot er sich dem Kind als eine Möglichkeit dar, jemanden anderen zu belangen, zu verspotten, infantil zu nennen oder für verrückt zu erklären. Jetzt aber, wo nahezu jedes Gedicht auf die neuen Macht-, die neuen Ohnmachtsverhältnisse eingeht, konstatieren wir überrascht, daß man sich weitgehend gar nicht mehr über die Respektspersonen lustig macht, sondern sich selber anpflaumt. An dieser Tatsache wird durch das mutwillige Bekenntnis zur eigenen Inferiorität, durch ein frivoles Vergnügen an der Selbstverleumdung nicht das mindeste geändert. Auch die Überkompensation kann das gestörte Verhältnis zum alt unangefochtenen Selbstbewußtsein nur noch einmal unterstreichen. Ein Zug zum Chorgesang, ein Hang zur Gemeinschaftsadresse zehrt vom Appell nicht so sehr an ein gemeinsames Vermögen, sondern an die gemeinsame Debilität.

Stünde im übrigen der Beweis noch aus für das Vorhandensein einer Latenzperiode zwischen frühkindlicher Sexualität und pubertärer, der Schulvers in seiner libidinösen Farblosigkeit möchte einen guten Kronzeugen abgeben. Wie stark sexuelle Antriebe mit Aggressionsmomenten zusammenhängen, bezeugt sich einmal mehr in einem Fall, wo beide Triebäußerungen komplementär zurücktreten. Der heftige analsadistische Impuls, wie er uns bei einer Vielzahl kindlicher Verserzeugnisse immer wieder auffiel, setzt entweder aus oder zeigt eine Tendenz zur Introversion. Daß selbstverständlich jede Art älteren Spruchwerks mit durch die ganze Schulzeit geschleppt wird, steht dabei außer Frage, und wie der gute alte Abzählvers noch immer seine Wirkung tut, so kommen Angriffslust und der Spaß an der Koprolalie gewiß nicht aus der Übung. Nur daß sich dann der Schulvers explicite eben doch als eine autonome Gattung feststellen läßt; eine Gattung, in der sich unentwegt das Unmündigkeitsgefühl von armen Zöglingen reflektiert, wo Unmutsäußerungen sich meist als hilflose Klage anlassen, und der Gedanke an Rebellion kaum aufkommt, es sei denn – zum amtlich festgesetzten Ausbruchstermin und im Hinblick auf die bereits beginnende Vakanz.

20 Heute ist der letzte Tag
   Heute wird Radau gemacht
   Fenster Türen aufgerissen
   Und der Lehrer rausgeschmissen

Wo Gefahr ist, so ungefähr sagt es der Dichter, da wächst auch das Rettende, ein Wort, sehr wohl geeignet, den älteren Schulkindern mit auf den Weg gegeben zu werden. Allein, es handelt sich hier um eine Sentenz, die man durchaus auch auf den Bildungsweg selbst anwenden könnte; und wenn die Schule zunächst oder für eine ganze Weile mit

Forderungen vor den Schüler hintritt, die ihn an seinem eigenen Verstande zweifeln lassen, mit fortschreitender Bildung und einem sich sukzessiv entwickelnden Denkapparat, wächst das Vertrauen gerade auf diese frischen Fertigkeiten. Der zur Entfaltung aufgerufene Geist erhebt sich tatsächlich; allerdings nicht immer im vorgeschriebenen Sinne, sondern gegen den Bildungsstoff und gegen den Druck der Denkvorlagen.

Mithin, wir sprechen von der Parodie. Das Vergnügen, das sie bereitet, ist im übrigen sehr viel anderer Art als, meinetwegen, der komische Effekt, den eine kuriose Situation, ein grotesker Vorfall machen können. Die Möglichkeit der Anteilnahme erwächst hier aus der Distanz, die der Zerrvers zu einem Grundmodell einnimmt, und wo er attentäterisch an einem Stück Lehrgut sich vergeht, da vermittelt er seinem Konsumenten nicht nur das Lustgefühl der Mit*täter*schaft, sondern auch noch das Hochgefühl der Mit*wisser*schaft. Schon auf der gewiß nicht gerade hoch zu nennenden Ebene der Schulparodie genießt der Verbraucher und Verbreiter gleichzeitig seine eigene Bildung und den Triumph des Lehrlings über den Bildungsstoff. Selbst noch im bescheidensten Rahmen einer Liedverballhornung kann sich ein Kindergartenzögling seines erlernten Wissens freuen und – seiner Freiheit, das Erlernte mutwillig wieder zu verspielen.

21 Alle meine Würstchen
    Schwimmen im Klosett
    Zieh ich an der Strippe
    Sind sie plötzlich weg

22 Hinaus in die Ferne
    Mit Butterbrot und Speck
    Das mag ich ja so gerne
    Das nimmt mir keiner weg
    Und wer das tut
    Der kriegt was auf die Schnut
    Der kriegt was auf die Neese
    Bis se blut'

23 Wem Gott will rechte Gunst erweisen
    Den schickt er in die Wurstfabrik
    Den läßt er eine Knackwurst beißen
    Und wünscht ihm guten Appetit

24 Reich mir die Hand mein Leben
    Komm auf mein Schloß zu mir

      Ich will dir Knackwurst geben
      Und eine Flasche Bier

25 Hammonia Heil über dir
    Knackwurst in Papier

26 Der Jäger aus Kurpfalz
    Der reitet durch die Kuhstalltür
    Und bricht dabei den Hals
    Heidi auf grüner Heid

27 Ein Jäger aus Kurpfalz
    Der reitet durch das Gänseschmalz
    Und schießt die Enten tot
    Allhier auf grüner Heid

28 Ein Jäger aus Kurpfalz
    Hat seine Frau am Arsch geleckt
    Jetzt riecht er aus dem Hals
    Der Jäger aus Kurpfalz

29 Ein Jäger aus Kurpfalz
    Der riß sich seine Eier raus
    Und fraß sie ohne Salz
    Allhier auf grüner Heid

30 Drei Veilchen drei Veilchen
    Die pflanzt ich auf mein Grab
    Da kam ein Vegetarier
    Und fraß sie ab

31 Dort drunten an dem Brünnelein
    Da sitzet eine Maid
    Die wäscht sich ihre Füßelein
    Es war die höchste Zeit

32 Guter Mond du gehst auf Latschen
    Zieh doch Filzpantoffeln an

33 Am Weihnachtsbäumsche
    Da hängen Pfläumsche
    Wer hat sie denn da aufgehängt
    Das war mein Bruder
    Das dumme Luder
    Der hat sie oben aufgehängt

34 Es ist ein Roß entsprungen
    Aus einem Pferdestall
    Der Roßknecht wollt es halten
    Und kam dabei zu Fall

35 Macht hoch die Tür
    Die Tor macht auf
    Es kommt der Herr
    Im Dauerlauf

36a Jesu geh voran
    Auf der Kegelbahn

36b Jesu geh voran
    Auf der Reeperbahn

37 Jesus, meine Kuh frißt nicht
    (statt «Jesus, meine Zuversicht»)

Die Parodie, die eine entscheidende, fast möchte man sagen tragende Rolle in der volkläufigen Poesie spielt (wäre sie nicht selbst der Huckauf, der sich von vorgegebenen Strophen tragen läßt), die Parodie beginnt sich als selbständige Gattung erst im Kindergarten, vor allem aber dann im Laufe der Schulzeit zu entfalten. Sie ist in ganz besonderer Weise an das Vorhandensein einer Gruppe und ihre Wertungs- und Bildungsvoraussetzungen gebunden. Zwar können die Übergänge fließend sein vom Kindergarten zur Grundschule, von der Grundschule zum Oberbau, und manche schlimme Strophe darf in jedem Schulungsabschnitt auf geneigte Abnehmer hoffen. Aber das hohe Fluktuationsvermögen soll uns im Augenblick gar nicht so sehr beschäftigen, was uns mehr interessiert, ist die auffällige Korrespondenz zwischen Erziehungsdruck und Subversivtätigkeit, wobei wir gleich festhalten möchten, daß solcher zweifellos zersetzende Umgang mit beliebten Versschablonen einen Zug erkennen läßt fort von der Personal- zur Sachkritik.

Die parodistische Entweihung, man könnte gut und gern von einem Vergnügen an Sachbeschädigung sprechen, ist gewiß eine Art Komplementärerscheinung zu jener vorhin von uns ins Auge gefaßten Depressionspoesie. Der Institution, das heißt besonders dem Lehrpersonal gegenüber machtlos, konzentriert sich das polemische Interesse nun auf den Lehr*stoff*, der dient an Stelle der schlecht faßbaren Erziehungskräfte als Zielscheibe des Spottes, ein nicht gerade unverständlicher Vorgang, denn daß jemand, der seinem Vorgesetzten ernsthaft nichts am Zeuge flicken kann, sich schadlos hält an dem, was ihm vorgesetzt wird, ist ja ein wohl bekanntes Kompensationsmuster.

Auf der anderen Seite: erst wo sich ein fester Kanon allgemein verbindlicher Hymnen und Gesänge herausgebildet hat und Poesie zum Pensum sich verdichtet, wird mit dem Zwang zum Auswendiglernen die Lust geweckt, gegen die Vorlagen anzusingen. Parodie wie keine andere Form der literarischen Subversion ist abhängig von der Allbekanntheit, ja von der drückenden Allmacht sogenannter Kulturgüter. Übersehen wir bitte nicht, daß jede Herrschaft, jedes Regiment versucht, Gemeinschaft in seinem Sinne zu bilden und daß auch Poesie, angefangen beim versifizierten Ausdruck hochgestimmter Wanderseligkeit, über das religiös erbauliche Rührstück und den weihnachtlich-feiertäglichen Verklärungsartikel bis hin zu den sittlichen Höhen der bürgerlichen Bildungsballade nur Teil einer bestimmten pädagogischen Strategie ist, das institutionell geförderte Liedgut also schon seine Rolle spielt im Sinne bürgerlicher Bewußtseinspolitik. Dieses Bestreben, mit Liedern und Gedichten auf die Gemüter von Untergebenen einzuwirken, ist auch keineswegs erst mit den Nazis in die Welt gekommen. Die Förderung von Sangeslust hat eigentlich schon immer unter dem höheren Ideal der Gemeinschaftsbildung gestanden. Das beliebte Auswendiglernenlassen – angeblich ein probates Mittel zum Gedächtnistraining – war immer gleichzeitig auch eine Form der nachhaltigen Indoktrination, denn Reime wie die vom «reinlichen Metalle», aus dem erst «rein und voll die Stimme schalle» oder vom «teuersten der Bande», dem «Trieb zum Vaterlande» oder der «Wohlfahrt», die nicht gedeihn könne, «wenn sich die Völker selbst befrein», haben ja nicht nur ein klingendes-singendes Wesen, sondern ein handfest propagandistisches. Poesie, das müssen wir wohl als Regel nehmen, gleich ob sie über die Schule und ihre Fabel-Fibeln, über das Buweh-Liederbuch, die Nachttischbreviere der Hospitäler oder die Liederhorte konfessioneller Singgemeinden, über Quempashefte oder BEK-Broschüren ins Öffentliche wirkt, Poesie diente und dient in ganz besonderem Sinne der Veranstaltung von Gemeinschaftlichkeit. Genau dagegen aber wehrt sich die Parodie, offensichtlich sogar mit bleibendem Erfolg, was uns zu der Frage ermutigt, ob das Bleibende, wofern wir darunter verstehen wollen, was in den Köpfen von Verbrauchern sich einnistet, nicht das zu Papier geschlagene Dichterwort, womöglich gar nicht von denen gestiftet wird, die sich mit soviel idealischem Feuer aufs Bleibende und Dauernde verlegen. Das sicherste und sichtbarste Zeichen für die fortwirkende Gewalt unserer poetischen Dauerwaren ist immer noch der Rattenschwanz frivoler Gegenstrophen, der sich an ihre Fersen geheftet hat, und, seltsam, wer sich Letzterer zu erinnern trachtet, dem stellt sich statt des Eingetrichterten sogleich der Wortlaut ein einer niederträchtigen Kontrafaktur.

38 Wer wagt es Knappersmann oder Ritt
    Zu tauchen in diesen Wasserpütt
    Einen alten Stiefel werf ich hinab
    Verschlungen schon hat ihn das schwarze Grab
    Wer mir den Stiefel kann wieder holen
    Er mag ihn behalten er laß ihn besohlen

39 Wer wagt es Knappersmann oder Ritt
    Zu tauchen in diesen Klosettabschnitt
    Eine Hundeleiche schmeiß ich hinein
    Und wer sie heraufholt der ist ein Schwein

40 Zu Dionys dem Menschenfresser
    Schlich Damon mit dem Käsemesser
    Was wolltest du mit dem Messer schwätz
    Du liederlicher Erdenfetz
    I will mei Messer schleife lau
    Des wer di ein Dreck angau

41 Er saß auf einem Sack voll Linsen
    Und schaute mit vergnügtem Grinsen
    Auf sechs belegte Brötchen hin
    Dies alles ist mir viel zuwenig
    Begann er zu Ägyptens König
    Gesteh daß ich ein Vielfraß bin

42 Er zählt die Häupter seiner Lieben
    Und sieh es sind statt sechse sieben
    Er zählt sie noch mal mit Bedacht
    Und sieh es sind statt sieben acht
    Und eh er sich noch umgesehn
    Nanu da warns statt neune zehn

43 Drum prüfe wer sich ewig bindet
    Ob sich nicht noch was Bessres findet
    Die Wahl ist kurz die Reih ist lang

44 Wo rohe Kräfte sinnlos walten
    Da kann kein Knopf die Hose halten

45 Loch in Erde
    Bronze rin
    Glocke fertig
    Bim bim bim

46 Vadda und Kind
Reiten im Wind
Kommt 'n Mann
Quatscht se an
Ob der Kleene
Nich mitkomm' kann
Vadda sacht: Nee
Kind: Wehweh
Vadda nach Haus
Kind tot, aus

47 Es waren zwei Königskinder
Die hatten einander so lieb
Sie konnten zusammen nicht kommen
Es war kein Fährbetrieb

48 Leise zieht durch mein Gemüt
Eine schwarze Katze
Wenn man sie am Schwanze zieht
Zieht sie eine Fratze

49a Als Kaiser Rotbart lobesam
Besoffen aus der Kneipe kam
Da zog er mit dem ganzen Heer
Die Friedrichstraße hin und her

49b Als Kaiser Rotbart lobesam
Besoffen aus der Kneipe kam
Da zog er mit ner Flasche Schnaps
Auf den Adolf Hitler-Platz

Solche allgemein populären Parapoeme sucht man in den Reihen wohltönender Folklore-Sammlungen selbstverständlich vergebens. Zu billig anscheinend das Vergnügen von dreisten Schulkindern, am ges. gesch. Traditionsgut sich zu vergehen. Zuwenig gehaltvoll solche Surrogate, sie an die Seite zu stellen den rührenden Zeugnissen einer fast unwirklich gewordenen Empfindungstiefe. Zu platt, zu frivol, zu oberflächlichnichtssagend die Verhohnepiplungen wahrhafter Nationalheiligtümer, um in ein Pantheon der kleinen Größen aufgenommen zu werden. Leider läßt sich nun aber, zumal wenn man den Volksvers als eine Gemeinschaftsleistung zu betrachten entschlossen ist, von Kreationen wie den oben zitierten schlecht absehen, denn wenn sie eines bestätigen, dann gewiß das Wesen einer Gruppenschöpfung, die durch nichts am Leben gehalten wird als ein kollektives Interesse, durch nichts zur ständigen

Verwandlung angeregt als durch die immer neu geschürte Lust an der Konspiration.

Man muß sich also schon gewissermaßen entscheiden. Entweder man hält es mit dem Gemeinschaftsgeist, dem Chorgesang, dem Zusammenschluß von Gleichgestimmten und hat sich darauf gefaßt zu machen, daß man in Konspirationskreise gerät. Oder man appelliere offen an das Jasager- und Nachbetertum und verzichte auf selbständige Gesangsdarbietungen. Beides zugleich läßt sich der Volksmund offensichtlich nicht mehr abverlangen. Der legt, wo er überhaupt noch singt und umsingt, keinen Wert auf die Bestätigung des ohnehin Bestehenden, und er wirkt auch gemeinschaftsbildend allenfalls im Gegensinne einer so oder so organisierten Einstimmigkeit.

Viel Kluges hat die Forschung im Laufe jahrzehntelanger Beschäftigung mit dem Volksliede just im Hinblick auf das soeben von uns anvisierte Problem des «Zersingens» zu Tage gefördert. Das Volk, so nimmt man an, habe sich schon immer sehr freizügig mit literarischen Kunsttexten ins Benehmen gesetzt, habe literarische Raffinesse mehr und mehr abgebaut, habe das Schwierige allgemach vereinfacht, das Allgemeine ins Faßliche gewendet, das Komplizierte seiner eignen ungelenken Zunge angepaßt, eine Meinung insgesamt, die die Leistung des Volksgeistes eher auf seine tumbe Ohnmacht gründet als auf ein irgendwie hervorstechendes Vermögen. Wir aber, die wir inzwischen eine andere, wenn auch vielleicht nicht für aller Augen vorteilhaftere Meinung vom Volksmund gewonnen haben, sehen uns genötigt, mit dem Umdichter auszurufen: dies alles ist uns viel zuwenig, die Leistung des Volksmundes reduziert sich mitnichten auf bloße Transportverluste, Abschleifschäden und Randkorrekturen, sondern gipfelt in der Lust an Denkmalsschändung und Majestätsbeleidigung. Volkspoesie ist mithin nicht eine taprige Imitation von Kunstpoesie, sondern, unter anderem, eine lustig-zynische, munter-bissige, rabiat unromantische, kraß antiidealistische Antwort auf die falsche Poetisierung der Welt durch die Poesie. Hier zersingt es die anempfohlenen Hymnen und Lieder so wie Oskar Matzerath Glas zersang: mutwillig, absichtsvoll.

Ein offensichtlicher Zug zum Banalen darf uns in diesen Zusammenhängen freilich nicht zu vorschnellem Unmut verleiten, er gehört mit anderen Desillusionsverfahren entschieden zum Programm. Lange bevor die Entlarvung unseres hochtrabenden deutschen Idealismus zu einer Angelegenheit literarisch renommierter Geister wurde, hat sich die Schulparodie um den Abbau und die Zersetzung eines Bildungsgebäudes gekümmert, das, aufragend in wahre Himmelshöhen einer abstrakten Humanität, den Boden pragmatisch erfahrbarer Wahrheit unter den

Füßen verloren hatte. So spüren wir denn hinter dem scheinbaren Unsinn mancher Blödelstrophe sehr wohl die gezielte Wendung gegen den künstlichen Heilsentwurf. Hinter dem Angriff auf die klassische Heldenbühne, hinter dem Hohn über wohlfeile Tugendbegriffe aus Gyps und Trockenlorbeer erkennen wir Ansätze einer materialistischen Kulturkritik, den Versuch, die erhabenen Schwierigkeiten zu groß geratener Heldenahnen auf ein menschlich erträgliches Maß zurückzuschrauben. Ähnlich wie es in Brechts «Galilei», die Menschlichkeit des großen Mannes hervorzuheben, heißt: «Groß ist nicht alles, was ein großer Mann tut / Und Galilei aß gern gut», so bietet sich uns auch hier, in diesen scheinbar läppischen Parodien der Abstieg zu Küche und Keller als notwendige Korrektur an einem unglaubwürdigen Übermenschentum dar: «Er saß auf einem Sack voll Linsen / Und schaute mit vergnügtem Grinsen / Auf sechs belegte Brötchen hin» – «Als Kaiser Rotbart lobesam / besoffen aus der Kneipe kam» – «Was wolltest du mit dem Dolche, sprich / Kartoffeln schälen, verstehst du mich?» Überhaupt ist es aufschlußreich, wie gern und häufig die Parodien höchste Ansprüche und edelste Bedürfnisse auf die Dimensionen eines Frühstückspakets reduziert erscheinen lassen. Egal ob es sich um offizielle Hoch- und Heillieder handelt oder um den Ausdruck einer romantischen Wander-, Sing- und Liebeslust, immer wo die Erbauungsvorlagen von nichts als Luft und Liebe zu leben scheinen, gefällt es dem Volksgeist, das allzu hoch Gestimmte aufs Parterre zurückzubeordern und in die Feierlichkeit hinein die Brotzeit zu verkünden: «Heil dir im Siegerkranz / Pellkartoffeln und Heringsschwanz / Heil Kaiser dir» – «Hammonia, Heil über dir / Knackwurst in Papier» – «Wem Gott will rechte Gunst erweisen / Den schickt er in die Wurstfabrik» – «Hinaus in die Ferne / Mit Butterbrot und Speck» – «Ich will dir Knackwurst geben / Und eine Flasche Bier».

Von Zufall läßt sich bei einer solchen Häufung der Indizien wohl nicht mehr sprechen. Die Verunglimpfungen haben offenbar Methode, und sie zeigen sie auch dort, wo dem Gegenstande einer Abneigung sagen wir kurzer Prozeß gemacht wird. Die Parodie beschneidet nicht nur die Ewigkeits- und Machtansprüche von legendären Leitfiguren, setzt nicht nur den dick annoncierten Superlativen der offiziellen Heldenkunde einen polemischen Diminutiv entgegen, sie scheint überhaupt von einem gerechten Rochus auf alles zu lang Geratene, breit Ausgewalzte durchdrungen, weshalb sie mit Vorzug unsere Jelängerjelieberballaden zu lyrischen Kurzwaren verarbeitet. Mit unnachahmlichen Idealbildern und sentenziösen Kolossalgemälden menschlicher Größe zum Überdruck versorgt, haben sich die Pennäler schon immer darin gefallen, die lyrischen Lehrmaterialien auch einer quantitativen Kritik zu unterziehen, das heißt, bedrohlich Voluminöses aufs Miniaturformat zusammenzustauchen. Wiewohl solche Prokrustes-Praktiken auf den ersten Blick nur schwer ein kritisches Moment erkennen lassen wollen, oder doch der Einwand gegen das unzumutbare Quantum sehr durchsichtigen Abneigungen entsprungen scheint, fügt sich auch diese Deformationsart so klar in einen allgemeinen Kanon unter sich verwandter Entlarvungsverfahren, daß sie als bloßer Ulk gewiß nicht abgetan werden kann. Was uns demonstriert wird, und sei es in gelegentlich schalen Späßen, sind die als unproportioniert empfundenen Verhältnisse zwischen fabulatorischer Aufwendigkeit und von Amts wegen gezogener Moral. Was wir auch hier wieder entdecken dürfen, ist ein dem Volksgeist anscheinend unverbrüchlich eingebundenes Bedürfnis, das Unüberschaubare, weit Ausladende, weit Hergeholte ins Handliche und Faßliche zu verwandeln. Was wir dem weiteren Bedenken empfehlen und womit wir schließen wollen, ist, daß die Parodie in jedem Falle der Wahrheitsfindung dient, daß jede Deformation gleichzeitig ein Korrekturversuch ist, und daß wir sie schon als hochnotwendiges Kontrastprogramm verstehen müssen entgegen dem Bildungsmonopol unserer Formierungsinstitute und Lehranstalten.

VIII Der Schlager und was dagegen spricht

Daß der Schlager älter ist als sein Rufname, der kam gegen Ende des neunzehnten Jahrhunderts auf, soll zum ersten Male im Jahre 1881 und in der «Wiener Nationalzeitung» zu lesen gewesen sein und sich im Laufe folgender Jahrzehnte vehement verbreitet haben, scheint ohne weiteres einsichtig. Trotzdem fallen neue Namen nicht vom Himmel und schon gar nicht halten sie sich ohne triftigen Grund so lange auf der Erde. Bliebe mithin zu fragen, ob der amtliche Tauftermin nicht vielleicht doch mit dem Erscheinen von etwas Neuem zusammenhing, mit der einschneidenden Veränderung von etwas Älterem und Bekanntem zumindest, und ob die pp Novität womöglich ihre eignen Überlieferungszusammenhänge entfalten sollte.

Ein Blick auf das, was seinerzeit so groß in Mode gekommen war und ein Vergleich mit dem, was heute noch unter dem gleichen Titel firmiert, läßt die Antwort eher etwas trüb ausfallen als gerade schon schwierig erscheinen. Zum Beispiel: vor dem viel beschrienen Siegeszug des Schlagers hatte es an volkstümlichen Liedüberlieferungen den Bänkelsang gegeben, die Moritat und den Gassenhauer; neue Couplets und Singweisen nahmen ihren Ausgang vom Vaudeville, einer volkstümlichen Form des Musicals, einer Mischung aus Singspiel, Theaterposse und zeitkritischem Kabarett; reisende Theaterkompanien, fahrende Sänger, von Kirmes zu Kirmes sich durchs Land bewegende Wanderschauen halfen einen Typus von Volkslied ausprägen, der alles andere als gerade ausgeprägt sein wollte, vielmehr von Jahr zu Jahr, von Ort zu Ort sich umorientierte, Anregungen auch von unten her aufnahm und literarisches Höhengut, gleichsam sozialisiert, dem aktuellen und allgemeinen Bedürfnis verfügbar machte. Genau mit dieser Art des öffentlichen Kulturlebens aber ging es zu Ende, als der Schlager als «Schlager» sich durchzusetzen begann. Er war ein Geschöpf nicht mehr der Straße und des freien Kulturaustausches, sondern aus höchstem Haus: dem Operettenhaus. Er schaute dem Volk nicht mehr aufs Maul, unverfälschte Meinungen zu erfahren, sondern um Marktlücken auszubaldowern. Er war von allem Anfang an der Volksstimmenimitator, der er auch heute noch zu sein sich bemüht, freilich unter entscheidend veränderten Voraussetzungen, denn die jahrzehntelange Umfälschung populärer Ausdrucksweisen ist selbstverständlich nicht ohne Rückwirkung geblieben.

Seit dem Aufkommen der Operette im Paris des zweiten Kaiserreiches und im Wien des zweiten Franz Joseph hat der bürgerliche, nachdrängend aber auch kleinbürgerliche Kulturanspruch sich immer mehr vom Markt auf die Bühne, vom Zirkus und Wandertheater in die Sphäre der großen Darbietungsanstalten verlagert. Was zunächst nur wie ein Ortswechsel hätte anmuten können, erwies sich dabei als sukzessiver Abbau gewisser demokratischer Verkehrsformen des bürgerlichen Kulturlebens überhaupt. Die Anteilnahme des Publikums an der neuen, scheinbar volkstümlichen Kunstform reduzierte sich wachsend zu rein passivem Konsum. Die Operette und ihre liebste Emanation, die zur gefl. Bedienung herausschraubbare Gesangsnummer, versäumten zwar nicht, ihrem Anklang im Parkett nachzulauschen und aus der Resonanz für die Zukunft zu lernen, von einer aktiven Mitbestimmung der Abnehmerschaft konnte aber schon bald nicht mehr die Rede sein. Während das gute alte Vaudeville («Voix de ville» nach einer geläufigen Worterklärung, «wat de wilt» nach einer nicht minder beliebten) immer sowohl eine volkstümliche Form der Unterhaltung gewesen war als auch eine willkommene Bühne dem zeitgenössischen Protestsong, fahrende Sänger nie ohne kritische Konterbande im Marschgepäck gereist waren, sah die Operette ihren volksbildnerischen Auftrag eigentlich eher in der Entpolitisierung ihres Publikums, und – darin dem Streben von illustrierten Zeitungen unserer Tage wohl nicht ganz unähnlich – nahezu unermüdlich intonierte sie das falsche Hohe Lied von der Durchlässigkeit der Klassenschranken, dem goldenen Schustersherzen in der Fürstenbrust und – vice versa – der inneren Fürstlichkeit von Zigeuner-Primas und Putzmamsell. Recht im Gegensatz zu der guten Meinung von ihr, sie sei so etwas wie ein demokratisierendes Element im steifen Gesellschaftsgefüge gewesen (was sie allenfalls ganz kurz in den fünfziger-sechziger Jahren war) half sie die schwelenden Spannungen der sozialen Welt in Dideldumdei und Wohlgefallen auflösen, ein wahrhaft Schule machendes Modell für die Vertingelung der demokratischen Idee.

Die Rekapitulation solcher Herkunft mag nicht ganz überflüssig sein, wo mit dem Schlager gleichzeitig auch sein Anspruch überprüft werden möchte, er sei, was außer ihm nicht mehr stattfinde, moderne Volksmusik. Daß er von Anfang an für ein recht breites Publikum gedacht war, steht dabei nicht zur Debatte. Schon die Operette, von der er sich später Stück für Stück lösen sollte, wendete sich an Schichten, die bishin von äh-höheren Kunstgenüssen weitgehend ausgeschlossen waren: Angrenzer des dritten Standes, erhoben, weil der beneideten Bourgoisie wenigstens einige Atemzüge lang ganz nahe, kleine Gewerbetreibende und unterstes Beamtentum, zum ersten Male so etwas genießend wie das Hochgefühl einer angemessenen kulturellen Repräsentation, ökonomisch frustrierte und mental immer gern zur Verschleierung der eigenen trüben Lage neigende Kleinbürgerei, bereit, den Operettenbesuch als solchen schon als Aufstieg zu nehmen, als Luxuserlebnis und Statussymbol. Gleich unbezweifelbar ist aber auch, daß die dem Kunst- und Musikalien-Konsum neu aufgeschlossenen Schichten vom Apparat her nicht mehr als mitfungierende Kräfte wahrgenommen wurden, einzig als Kundschaft, und genaugenommen wollten sie anderes wohl auch gar nicht sein.

Diese Verhältnisse, diesen schiefen Bruch von jovial sich gebender Institution und mehr und mehr zum bloßen Volksempfänger absinkenden Kunstkonsumenten sich vor Augen zu führen, ist wichtig, wenn man verstehen will, woher der Schlager kommt und wohin es ihn zieht. Er gehört nämlich weder ontogenetisch noch von seiner Einzelentwicklung und sozialen Funktion her irgendwie in die Nähe und Nachfolge des alten Volksliedes. Wo das Wort Volkslied überhaupt noch irgendeinen Sinn haben soll, haben wir aber die aktive, umarbeitende, mitmodelnde Beteiligung vieler Aufnehmender an einer Wortgestalt darunter zu verstehen, heute wie eh und je, und wo wir nicht mehr glauben, diesen alten Sinn in irgendeiner Form eintreiben zu können, tun wir besser daran, die ganze Gattung der historischen Abteilung zuzuschlagen als ihrem Erbschleicher auch noch den Rechtsbeistand zu stellen.

So hieße es denn also Abschied nehmen auch für uns? Abschied von einer liebgewonnenen Spielform der Literatur, die wir jetzt schon eine ganze Weile mit unserer geneigten Aufmerksamkeit verfolgt haben, verfolgt durch das halbe Kinderreich, verfolgt vom Abzählvers bis zum Lügenreim, von der Sandkiste bis zum Schulplatz, vom frechen Trotzgebild bis zum jammervollen Resignationsprodukt, wie sie aber – dank der besagten Umstände – nur noch auf einer letzten Unschuldsinsel sich zu bilden scheint. Indes, wie es mit der Unschuld nun einmal so geht, ich meine, wie sie sich selten einzustellen pflegt, wo man sie sehnsüchtig erwartet, dann aber wieder unvorhergesehen zu Tage kommen kann, wo niemand sie auf der Rechnung hat, so tritt sie uns auch hier einigermaßen unvermittelt entgegen und in einer Gestalt, von der wir nicht recht wissen, ob wir sie nun begrüßen oder uns füglich gegen sie verwahren sollen. Gar zu unfein scheint aber auch der Habitus der Schlagerparodie – denn genau die ist uns ins Blickfeld geraten –, als daß es den sonst nicht gerade prüden Liebhaber der vox populi sogleich zur Fürsprache ermuntern möchte. Zu unverfroren der Witz, zu gemein die Mimik, zu unanständig und obszön die Ausdrucksweise, als daß man seine Vorbehalte gegenüber dem Schlager gerade durch sie besonders gern vertreten sähe. Aber – bei allen feinen Göttern des Operettenolymp und des Schlagerhimmels – wo andererseits zwischen Hamburg und Ruhpolding ließe sich auch nur die Andeutung eines Literarproduktes nachweisen, so allgemein bekannt, so allgemein verbreitet und herumgekommen, so allgemein geprägt, beeinflußt, Einfluß nehmend, Anteil fordernd, Zuspruch gewinnend wie diese absolut unansehnliche Klette der U-Musik; und mit dem gebotenen Respekt, der «dem Volk in seiner Gesamtheit» nun einmal zukommt, bemühen wir uns, auch dieser seiner natürlichen Tochter entgegenzutreten.

Die Lust, dem Schlager etwas anzuhängen und seinen Herrschaftsanspruch durch unerbetene Mitsprache zu beeinträchtigen, ist im übrigen so alt wie der Schlager selbst. Relativ hoch geboren zunächst und – nehmen wir nur ein Beispiel: Berlin – von den feineren Metropol-, Ostend-, Thalia-, Apollo- und Zentraltheatern in die bessere Welt entlassen, dann aber sehr bald niedersteigend gegen Treptow und Weißensee zu, blieb die populäre Gesangsnummer hier nicht mehr ganz das gleiche, was sie oben gerade noch schien: ein Stück nach dem Herzen des Volkes. Über Kaffeegärten, Ausflugslokale und Tanzdielen in ein Milieu einsickernd, das mit dem Kulissenzauber der Ausstattungsparadiese nichts mehr zu tun hatte, geschah es ihr, daß das Volks sie sich hernahm, das Volk sie sich aneignete, das Volk sie sich zurechtsang, und nicht im vorgesehenen Sinne, sondern so, daß der ganze falsche Pop dabei sein künstliches Gefieder lassen mußte. Ähnlich wie man bis dato schon der Opernarie und der aufgedonnerten Ouvertüre den Marsch geblasen, und gelegentlich auch dem Volkslied, dem bis zum Überdruß bekannten, so besorgte man es jetzt der neuen U-Musik, der schmetternden sowohl wie der schmalzigen.

Zu Oper und Symphonie:

1a Der Graf
    Das Schaf
    Ist in den Lokus gefallen
    (Wagner, «Tannhäuser-Ouvertüre»)

1b Ein Kind
    Ohne Kopf
    Ist ein Krüppel fürs Leben
    (Desgleichen)

2   Auf in den Kampf die Schwiegermutter naht
    Siegesbewußt
    Haare auf der Brust
    Siegesgewiß
    Mit klapperndem Gebiß
    (Bizet, «Carmen»)

3 Frieda
  Wo kommste her
  Wo gehste hin
  Wann kommste nieda
  (Schubert, «h-Moll-Symphonie»)

4 Martha Martha
  Du gehst schwanger
  Und das Kind ist nicht von mir
  (Flotow, «Martha»)

Zu Operette und zum frühen Schlager:

5 Mutter der Mann mit dem Koks ist da
  Halt doch die Fresse ich weiß es ja
  Ich hab kein Geld
  Du hast kein Geld
  Wer hat den Mann mit dem Koks bestellt
  (Auf: Millöcker, «Er soll dein Herr sein» aus «Gasparone»)

6 Herr Leutnant Herr Leutnant
  Was macht denn Ihre Frau
  Sie wäscht sich nicht
  Sie kämmt sich nicht
  Sie ist ne große Sau
  (Auf: Johann Schrammel, «Wien bleibt Wien»)

7 Daß du mich liebst das weiß ich
  Auf deine Liebe scheint der Mond
  (Auf: Johann Schrammel, «Wien bleibt Wien», Trio)

8 Es war in Schöneberg
  In einem Puff
  Ich hatt' drei Mark bezahlt
  Und kam nicht ruff
  Da hat die alte Sau
  Mich noch bepißt
  Wie das in Schöneberg
  So üblich ist
  (Auf: Walter Kollo, «Es war in Schöneberg» aus «Wie einst im Mai»)

9 Fräulein wolln Sie 'n Kind von mir
  In die Pflege nehmen

       Zahl Ihn' auch drei Mark dafür
       Brauchen sich nicht zu schämen
       Fräulein Fräulein tun Sie's doch
       Wozu ha'm Sie sonst 'n Loch
       (Desgleichen)

10 Rosamunde
    Schenk mir dein Sparkassenbuch
    Rosamunde
    Zehntausend Mark sind genug
    (Auf: «Rosamunde – Böhmische Polka»)

11 Mit 'n Holzbein mit 'n Holzbein
    Kommt man überall umsonst rein
    Die Kinder und die Greise
    Bezahlen halbe Preise
    (Desgleichen)

12a Tante Hedwig Tante Hedwig
     Die Nähmaschine geht nich
     Der Faden ist gerissen
     Das Leben ist bescheiden
     (Desgleichen)

12b Tante Hedwig Tante Hedwig
     Die Nähmaschine geht nich
     Dann bring sie doch zum Schuster
     Der hat ein neues Muster
     (Desgleichen)

12c Ach Hedwig ach Hedwig
     Die Nähmaschine geht nich
     Ich hab die ganze Nacht probiert
     Und dabei 's ganze Öl verschmiert
     (Desgleichen)

12d Agathe Agathe
     Heit Omend gahn mer bade
     Isch han ja schon en Hatte
     Isch kann net länger watte
     (Desgleichen)

12e Brigitte Brigitte
     Heit Omend fohrn mer Schlitte

Du legst dich uff de Ricke
　　　Do kenn mer z'amme ficke
　　　(Desgleichen)

13　O du mein lieber Eugen
　　Wir woll'n ins Heu gehn
　　Laß mich ein bißchen schmusen
　　An deinem Busen
　　Ach was du sollst dir schämen
　　Ich hab gar keenen
　　(Auf: Polka «Wenn meine Frau mal ausgeht» aus «La Machiche» von Borel-Clerc)

14　Siehste woll da kimmt er
　　Lange Schritte nimmt er
　　Siehste woll da kimmt er schon
　　Der versoffne Schwiegersohn
　　(Auf: Daase, «Berliner Kreuzpolka»)

15　Meine Mutter schmiert die Butter
　　Immer an der Wand lang immer an der Wand lang
　　(Auf: Schneider-Dunker, «Heimlich still und leise»)

16　Meine Frau ißt gerne Sülze
　　Wenn se keine kriegt dann brüllt se
　　(Auf: Scotto, «Petite Tonkinoise»)

17a　Auf der grünen Wiese
　　　Hab ich sie gefragt
　　　Ob sie mich mal ließe
　　　Ja hat sie gesagt
　　　(Auf: Philipp Fahrbach jr. «Flotte Bursche»)

17b　Unten in der Elbe
　　　Schwimmt ein Krokodil
　　　'S ist wohl noch dasselbe
　　　Was auch schwimmt im Nil
　　　(Desgleichen)

17c　Unsre Katz hat Junge
　　　Sieben an der Zahl
　　　Sechs davon sind bunte
　　　Eine ist egal
　　　(Desgleichen)

18 Ist denn kein Stuhl da
    Für meine Hulda?
    (Auf: Mazurka «La Czarina» von Louis Gannes)

19 Des Nachts um zwölfe
    Von Lichterfelde
    Da kommt der allerletzte Omnibus
    Darin sitzt Nauke
    Mit seiner Pauke
    Und gibt Susanne einen Kuß mit Genuß
    (Auf: Gavotte «Heimliche Liebe» von Joh. Resch)

20 Wenn der Puls der Frau Schulz
    Nicht mehr schlägt
    Und Frau Schulz sich im Bett nicht mehr bewegt
    Hat die Liebe zu Frau Schulz keinen Zweck
    Denn der Puls der Frau Schulz der ist weg
    (Auf: Jean Gilbert, «In der Nacht, wenn die Liebe erwacht»)

21a Wenn de Hund mit de Wust ut 'n Steendoor löppt
    Un em'n besoopnen Muurmann dröppt
    Denn is de Muurmann ook nich fuul
    Un ritt den Hund de Wust ut' Muul
    (Auf: «Bayrische Polka»)

21b Wenn de Hund mit de Wust ut 'n Steendoor löppt
    Un sick de Snut an 'n Kantsteen stött
    Denn kummt de Dreckfeger un mookt Skandool
    Un fegt den Hund von 'n Swienmarkt dool
    (Desgleichen)

22 Da auf dem Acker
    Da saßen drei Kacker
    Die hatten kein Papier
    (Auf: Karl Komzák, «Volksliedchen und Märchen»)

Die Meinung, das Volkslied sei denn wohl recht tief gesunken, ändert nichts an seinem Vorhandensein; die Bedenken gegenüber seiner pöbelhaften Tonart treffen nicht seine Lust an Entnebelung und Entschleierung, die allerdings ist durchgehend, und wer sich statt mit der Verzeichnung idealer Verhaltensweisen mit einer Sondierung der realen Erscheinungsformen beschäftigt, dem bleiben auch die scheinbar bodenlosen Obszönitäten kein grund- und bodenloses Rätsel mehr. Eine gewisse Verrohung des Volksgesanges, wie wir sie zumal seit dem letzten Drittel des vorigen Jahrhunderts beobachten (und wie wir sie gewiß nicht an extremen Beispielen vor Augen geführt haben), läßt sich nämlich nicht unabhängig betrachten von dem gleichzeitigen Aufschwung der modernen Unterhaltungsindustrie. Die wachsende Kommerzialisierung auf dem Gebiet der U-Musik, die Überfremdung all dessen, was einmal volkstümliches Kulturleben genannt werden konnte, durch einen mit populären Darbietungsmitteln und neuen Werbemethoden operierenden Versorgungsbetrieb, hatte interessanterweise zur Folge was man das üblere Echo auf einen üblen Anlaß nennen mag (Wir: einen gesunden Zug), was aber in jedem Fall das Independenzbedürfnis der zu passivem Konsum veranlaßten Verbraucher erkennen läßt. Keineswegs wurde unten so leicht und widerstandslos geschluckt, was sich von oben her so populär gab. Je breiter der Apparat zu streuen begann, je bemühter der Kommerz seine Musikalien auf den volkstümlichen Ton abstimmte, um so heftiger drängten gerade die unteren Abnehmerschichten auf aktives Mitspracherecht, so daß es, nach Auskunft der «Allgemeinen Enzyklopädie der Musik», bald «kaum einen Tanz oder Marsch gab, den man nicht mit einem Text versehen hätte». Auf Johann Straußens «Annenpolka» sang man: «Er hat mir mal 'n Bonbon geschenkt», auf Peter Ludwig Hertels «Feuerwehrgalopp»: «Lampenputzer ist mein Vater», auf den Zigeunerchor aus Verdis «Troubadour»: «Das hilft dir alles nicht, die Wurst die schmeckt nach Seefe», auf den «Königgrätzer Marsch»: «Der Piefke lief, der Piefke lief, der Piefke lief die Stiefel schief» und auf die «Parade der Zinnsoldaten», erklärtes Lieblingslied der kaiserlichen Militärkapellen: «Freu dich Fritzchen, freu dich Fritzchen, morgen gibt es Selleriesalat».

Der Prozeß laufender Vereinnahmung volkstümlicher Musikartikel durch das Volk ist nicht ohne Demonstrationswert. Die Allgegenwart von Schlager und Schnulze, Tanz- und Marschiermusik, Operettenweisen und Salonpiecen, wiewohl natürlich noch lange nicht von jener Fatalität, die sie erst im Zeichen technischer Reproduktionsverfahren voll entwickeln sollten, führte eindeutig zu Formen der Anteilnahme, die, dialektisch interpolierend zwischen *eingehen auf* und *Abstand nehmen von*, durchaus ein kritisches und revisionistisches Prinzip erkennen lassen. Unausweichlich und schlagend mochten vielleicht die neuen Melodien sein, schwungvolle Walzermusiken, mitreißende Schieberweisen, im Hinblick auf die Verbreitung und Aufnahme der Textunterlagen kann aber keine Frage mehr sein, wer schließlich wen in Besitz nahm und wer, im Streit um die ideologische Vorherrschaft, die Oberhand behielt. Hierin eine Art Vergeltungsmaßnahme des um seine Selbständigkeit und Unbefangenheit bemühten Volksgeistes sehen zu wollen, ist sicher nicht ganz unberechtigt. Nichts, wenn wir das Weben und Streben des Volksgeistes einmal auf einen immer wieder zu Tage tretenden

Wesenszug hin vereinfachen dürfen, scheint ihm so angelegt wie die Behauptung seiner Unabhängigkeit gegenüber dem ideologischen Eingemeindungsversuch, wie die Absetzung von allem, was sich mit seiner materialistischen und also niederen Anschauung der irdischen Dinge nicht gut vereinen lassen will. Dieser wohlausgebildete Instinkt für höheren Betrug und propagandistische Verklärung ist es nun aber auch, der ihn den Schlager bei seinem Text packen läßt nicht als dessen schwacher Seite ästhetisch gesprochen, sondern dem sinnenfälligen Ausdruck einer Verlogenheit. Viel zu treffsicher, viel zu genau auf die Entschleierung verbaler Schleiertänze zielend, muten all diese persiflierenden Textrevisionen an, als daß man das Wirken eines allgemeinen Brechungsprinzips hier noch verkennen könnte. Sowohl der forcierte Schneid des Escamillo findet sich in der Parodie auf seine Art angesprochen wie die vulkanische Blähsucht der Tannhäuser-Ouvertüre auf die ihre, nicht das schlechteste Einfühlungsvermögen hörte aus des dichtenden Bayernkönigs «Wenn der Mut in der Brust seine Spannkraft übt» den «Hund» heraus, der «mit der Wurst übern Kantstein springt», und eine Seifenblase, eine Schmierseifenblase wie Jean Gilberts «In der Nacht, wenn die Liebe erwacht» verändert sich in der parodistischen Entstellung, Brechtisch gesprochen, durchaus zur Kenntlichkeit.

> In der Nacht, wenn die Liebe erwacht,
> Und am Himmel der Mond schelmisch lacht,
> Dann mein Schatz, dann mein Schatz, schlaf nicht ein.
> Dann komm ich, und du wirst endlich mein.

23 In der Nacht in der Nacht
   Wenn der Büstenhalter kracht
   Kommt der Lange mit der Stange
   Macht die Schwiegermutter bange

Kurios und verwundernswert bei alledem bleibt, daß Schlager und Schnulzen anscheinend dazu neigen, als unfreiwillig komische Gespenster zu überleben oder gar nicht. Was sich an ihre flüchtigen Sohlen heftet, teils nur als parasitäres Angebinde, teils weit über den Gegenstand einer zwielichtigen Anteilnahme sich erhebend, seltsamerweise konserviert es die fragwürdigen Objekte als angeschwärzte, und was man für das Unhaltbarste von der Welt halten mag, die schräge Replik auf eine widersprüchliche Zeiterscheinung, hat, wo nicht die Ewigkeit, so doch eine gewisse Verbreitung und Lebensdauer auf ihrer Seite, die nachdenklich stimmen kann.

Mit der zweiten Etappe der Schlagergeschichte, das heißt mit dem Aufkommen neuer technischer Reproduktionsverfahren und ihrer rapiden

Weiterentwicklung, scheint dann allerdings auch die große Rolle der entlarvenden Persiflage ausgespielt. Je fixer die Verklärungsfabriken arbeiteten, je weniger ihnen selbst an der Haltbarkeit und Dauerhaftigkeit ihrer Kurzwaren lag, weil nur ein bestimmtes Verhältnis von Faszinabilität, Enttäuschung oder Ermüdung und neuem Bedürfnis steigende Profite ermöglichte, um so weniger Muße war auch der Parodie vergönnt, sich haltbar abzusetzen. Wenn die Unterhaltungsindustrie zwar auch in ihrer Pionierphase schon mächtig aufs Neue und Überraschende gedrängt hatte, dem flüssigen Absatz aber doch noch gewisse Schranken gesetzt waren, sei es weil die Kundschaft noch nicht jederzeit und nicht zu Haus zu erreichen war, sei es weil Bühnen und Kapellen immer dazu neigen, in Repertoires sich zu verfestigen, durchbrachen die technischen Transportmittel Radio, Schallplatte und Tonfilm die bishin für undurchdringbar gehaltenen Schallgrenzen, und die neuen Beschleunigungsgesetze drängten dann auch den Volksmund zu eiligerer Replik und flüchtigen Adhoc-Sentenzen.

Das kann vermutlich nur verstehen, wer gelernt hat, den Volksmund als kritisches Regulativ zu betrachten, das ist er ohne Zweifel, und wie wenig er den Erwartungen nach reaktionärer Poesie genügen mag, so hoffnungsvoll kann doch ein kritisches Reaktionsvermögen bedünken, das sich einem Zeitalter automatisierter Gängelungen auf eine neue Art angepaßt zu haben scheint. Im Zusammenhange mit solcher Entwicklung stellt sich nun aber auch die alte Gelehrtenfrage «echt oder unecht?» in einem neuen und, wie ich meine, weit radikaleren Sinn, als es den Liebhabern volkstümlicher Kulturerzeugnisse noch gelegen kommen dürfte. Nicht nur ist es sinnlos, wie es zum Beispiel in Walter Wioras Schrift «Das echte Volkslied» (Heidelberg 1950) geschieht, die zeitgenössische Umgangsweise an einer Ganzheitsvorstellung zu messen, die selber nur noch das Petrefakt eines Humanitätsideals ist, und es ist auch nicht nur töricht, den «kleinen Konsumenten der Amüsierindustrie» mit dem «Typus des schlichten Vollmenschen, z. B. des ‹stämmigen, tüchtigen Bauern›» zu konfrontieren; der Versuch, den Schlager mit Hilfe eines verflossenen Persönlichkeitsideals herauszufordern, rächt sich sogar entschieden, denn: da bei dem anstehenden Unteilbarkeitsstreit unteilbar vor allem der Hintergrund reaktionärer Ideologie ist, dem der Schlager sowohl wie die Volkskunde ihr Dasein verdanken, bestätigt sich unversehens eins im anderen, und wie ein deus ex machina gesellt sich dem berufenen Zettbee-Vollmenschen der ganze Seemann, ganze Förster, ganze Johnnie, ganze Cowboy, ganze Musikus.

Der Schlager geht immer aufs Ganze, gleich, ob er die arme Konsumperson für unmittelbar, die Stimmung für die Ewigkeit, den Reiseprospekt für die Welt, den Zivilisationskater für individuelle Tragik oder die genormte Galanterie für unteilbar erklärt. Er wendet sich damit an ein Bedürfnis, das in einer Welt unheilbar zerhäckselter Interessen wirklich als eine Art von Dauerbedürfnis vorausgesetzt werden kann, so selbstverständlich wie Hunger und Durst, so elementar verankert bereits wie das Verlangen nach Liebe, und er kommt den wechselnden Formen der Selbstentfremdung des Menschen sogar noch insofern entgegen, als er das Wunschbild vom ganzen, heilen immer wieder neu zusammengesetzt in Kommission gibt. Erst dadurch, daß er seine Helden von Zeit zu Zeit ein bißchen umfrisiert, vermag er bei seiner Kundschaft den Eindruck zu erwecken, sie seien erst kürzlich aus dem Leben gegriffen. Nicht ewig schätzt man den Seemann, unerschütterlich und unverbittert, gelegentlich sieht man ihn eben gern ein «Heimatlos sind viele auf der Welt» aus der Gitarre zupfen. Auch liegen zwischen dem Domino mit den traurigen Augen, dem Cowboy aus den blauen Bergen und dem Musikus «der spielte im Café», gewissermaßen jeweils Welten. Die Welten treffen sich aber doch wieder zu Brudersphären Wettgesang, wo die von Reproduktionsbeklemmungen rechtens geängstigte Fließbandexistenz im schönen Bild eines unabhängigen Außenseiters sich verkennen darf. Sie darf in vielem sich verkennen, wo der Schlager sich zum Anwalt ihrer Persönlichkeitsrechte macht. Nicht nur, daß sie häufig auch noch die Anzeigenvertretung für den listig sich ihr antragenden Artikel mit übernimmt und seine Selbstannoncen – dideldideldumm, dideldideldei, das sei ihre Lieblingsmelodie – als sozusagen eigene Stellungnahme weiter verbreitet; oder die einzige konkrete Wahrheit, die ihm zu Grunde liegt – ich meine: daß sich von Schlagern schon leben läßt –, in jenem höheren Sinne mißversteht, den das Produkt ihr suggeriert («Ich brauche keine Millionen / Mir fehlt kein Pfennig zum Glück / Ich brauche nur das eine / Nur Musik Musik Musik»); sie läßt sich aber auch darüber hinaus grundsätzlich auf etwas ein, was ihr genau das Gegenteil des sehnlich Erhofften beschert: Passepartous der Freiheit statt einem brauchbaren Wink ins Freie, Totalitäten im Sozialverschnitt und Selbstentäußerung – sei es im Jubel, sei's im Jammer –, fein an der Longe der landesüblichen Frustrationsgesetze.

Da der Schlager mittlerweile so etwas geworden ist und vielleicht immer schon war wie die musikalische Alleinvertretung des erotischen Gesellschaftslebens, ist anzunehmen, daß auch hier nicht alles mit rechten Dingen zugeht und der beliebte Exkurs in die Totale wieder einmal mehr verschweigt als er zeigt. Nehmen wir die gewiß nicht zu Unrecht viel gerühmten Zwanzigerjahre aus (und mit ihnen alles was sich vom «Meier auf dem Himalaya» bis zum «Müller mit dem Triller im Gemüt» nur so zum Spaß einmal reimte), dann findet sich diese Vermutung auch bald aufs Penetranteste bestätigt, und die Bestätigung gibt wiederum Anlaß, zu vermuten, daß die kleinkarierten Totalitätsansprüche nicht nur der totalen Abwesenheit von Proportionsgefühl entspringen, sondern der Schlager seine Rolle als literarischer und musikalischer Instantartikel gar nicht wahrnehmen kann. Seiner ganzen Anlage nach wäre er eigentlich einzig legitimiert, eine Liebe zu besingen, so schnell befeuernd, so rasch verklungen wie er selbst. Würde er tatsächlich die Melodie anstimmen, das Motiv anschlagen wollen, für das er seinem flüchtigen Wesen nach prädestiniert, er dürfte rechtens nur die Liebe im Vorübergehen preisen, die Liebe als Schnellimbiß, als Nummer, fix Gemachter, kurz Weggesteckter, unverbindliches Abenteuer, das aber will er ganz entschieden nicht, und er kann es auch gar nicht, weil ihm verbindliche Geschäftsrücksichten immer wieder einen dicken Strich durchs schmal kalkulierte Risiko machen.

Verstehen wir uns also recht. Was uns am Schlager anwidert, ist keineswegs seine so gern geschmähte Frivolität, zu der reicht es bei ihm ja meist gar nicht; und wir haben auch nicht vor, ihm die Leviten im Namen all der ehrenwerten Hausväter, Familienernährer und Bürokräfte zu lesen, die ihre Verdienste in seinem Rahmen bisher nur wenig gewürdigt fanden; wo es nun aber doch einmal um so etwas geht wie die konkurrenzlose Repräsentation des modernen Liebesliedes, scheint's, haben wir einigen Anlaß, anderes von ihm zu verlangen als in Ewigkeit einen Jargon aus warmer Zudringlichkeit und ausgekochter Geschäftsmoral. Es ist dabei nicht uninteressant, daß sein allwaltender Krämergeist noch am wenigsten spürbar wird, wo von der Liebe real als Handelsobjekt gesprochen wird und der Liebespartner als käuflicher besungen. Schlager wie jener offenherzige von der «Roten Laterne auf Sankt Pauli» oder jener delikatere von der «Reeperbahn nachts um halb eins» sind nachgerade Musterbeispiele für eine moralisch integre und formal hygienische Darstellung von flüchtiger Liebe und vergänglicher Lust auf kleiner Bühne. Das moralische Debakel liegt denn auch ganz woanders, und die Verlogenheit beginnt, wo der animierten Kundin in Eile alles versprochen und auf der Durchreise ewige Treue geschworen wird, oder – und da haben wir das Komplementär – wo die Berufung des Einmaligen, Vergänglichen und Unwiederholbaren, der grenzenlosen Tollheit, schönen Raserei sich heimlich mit der Absicht einer öffentlichen Verkehrsregelung verbündet. Nicht liegt dem Schlager auch nur im geringsten daran, seinen Verbraucher ernstlich zu enthemmen, es sei denn für den Konsum von neuen Schlagerwaren. Für irgendwelche Folgen kommen die Veranstalter nicht auf. Und wo immer sie etwas anreißen, mit der Freiheit schäkern, dem Treuebruch liebäugeln, dem Seitensprung nahetreten, die einmalige Gelegenheit in Versalien annoncieren, möchten sie's am Ende doch nicht gewesen sein, noch schnell die Lizenz einholen und dem in Marsch gesetzten Louis die Unbedenklichkeitsbescheinigung nachreichen: «Doch jetzt fange ich ein neues Leben an / Du wirst sehen, wie ich mich ändern kann!»

All diese Treueschwüre und Ewigkeitsplakate, mit denen der Schlager sein Publikum so spendabel traktiert, und wie sie, angefangen beim «treuen Husaren» und nur vorläufig geendet bei «Marmor Stein und Eisen bricht» gewiß auch einem öffentlichen Bedürfnis nach haltbarer Qualitätsware entgegenkommen, sind immer gleichzeitig als Verkehrssignale und Haltegebote zu verstehen, aufgepflanzt von einer auf einwandfreie Reputation bedachten Branche. Man läßt die Puppen tanzen, aber doch hübsch im Rahmen des Anstandes und des kaufmännisch Vertretbaren. Liebe und Treue, einmalige Umarmungen und lebenslange Hingabe, unnachahmliche Stunden und einwandfreie Perspektiven, so viel und noch mehr steht zwar in Ewigkeit zum Angebot, freilich nicht ganz zum freien, denn über Taumel und Treue wie über Rot und Grün einer öffentlichen Gefühlsampel wacht die betriebseigene Verkehrsverwaltung:

> Und ich hatte das Gefühl:
> Oh, Junge-Junge, das ist toll.
> Weil ja ‹rot› die Farbe ist,
> Bei der man sich verlieben soll.

«Im ständigen Fluktuieren von Produktion und Konsum», heißt es in einem Aufsatz von Dieter Hasselblatt über den «Schlager als Verpackungsmaterial», «wird immer der Weg des geringsten Widerstandes gewählt; er ist weitgehend indifferent gegen jede Kritik von außen.» An dieser Meinung zu zweifeln, haben wir keinen Anlaß. Um so erfreuter dürfen wir sein, wenn wir, die wir den Schlager ja auch nur von einer Warte her betrachten, die – sic! – eine Warte ist und kein Verhinderungsinstrument, wenn wir also vermelden können, daß der fatale Regelkreis an einer Stelle gewiß unterbrochen wird, zumindest in Frage gestellt. Der unverstörbare, anscheinend auf Echo und Anklang vollkommen austarierte Apparat zeigt nämlich eine empfindliche Stelle gerade dort, wo er sich unverwüstlich glaubt: beim Konsumenten. Dieser zur quasi gesellschaftsmoralischen Rechtfertigung der letzten Chuzpe wieder und wieder angerufene Anonymus zeigte sich in Gänze weder so gesamtheitlich, wie man ihn gern darstellt, noch gar so dumm, wie man ihn verkaufen möchte. Überblicken wir die Geschichte des Schlagers einmal von seinen Anfängen über die erste Radio-, Platten- und Tonfilmära bis hin zu seiner dritten Blüte im Zeichen von Transistorempfänger und Musicbox, aber überschlagen sie als Wirkungsgeschichte, dann können wir nicht ganz ungetrost konstatieren: der scheinbar unaufhaltsame Aufstieg sah sich von unten her schon immer angefochten, der geölte Terror hatte jederzeit mit Gegenterror zu rechnen. Im Vergleich mit anderen Weisen, die sich unter höheren Gesichtspunkten dem niederen Volke nahelegten, erging es dem Schlager sogar besonders übel. Seine schäbige Reizwäsche, durchsichtig noch dem allerletzten Abnehmer bis auf die eigentliche Profitschwelle, zog nicht ganz zufällig ausgesucht schäbige Bemerkungen an. Seine Bunnymoral, 50 % Verhüllung, 50 % Geschäftsrücksichten, enthüllte sich in der Parodie genau als das, was sie ist: ein unsolides Angebot. Demivirginität sah hinterrücks in andere Umstände sich versetzt.

24 Die Männer sind alle Verbrecher
    Ihr Herz ist ein finsteres Loch
    Die Frauen sind auch nicht viel besser
    Aber rein, aber rein muß er doch

   Die Männer sind alle Verbrecher,
   Ihr Herz ist ein finsteres Loch,
   Die Frauen sind auch nicht viel besser,
   aber lieb, aber lieb sind sie doch.

25 Wiener Blut Wiener Blut
    Steck ihn rein nicht zu tief so ist's gut

   Wiener Blut, Wiener Blut,
   Voller Kraft, voller Saft, voller Mut.

26 Schenk mir dein Löchlein Maria
    Abends in Santa Lucia

   Schenk mir dein Lächeln, Maria,
   Abends in Santa Lucia.

27 Heidemarie Maria
    Wenn wir am Rhein marschieren
    Heidemarie Maria
    Wenn wir ihn rein probieren
    Dann wünsch ich mir dazu
    Und der Kompanie
    Eine die's kann wie du
    Ja eine Heidemarie

   Heidemarie,
   Wenn wir am Rhein marschieren,
   Heidemarie,
   Wenn wir den Wein probieren,
   Dann wünsch ich mir dazu,

> Und der Kompanie,
> Eine die küßt wie du,
> Ja, eine Heidemarie.

Wenn wir dies einfachste aller Entlarvungsverfahren einmal als Kurzschlußtechnik bezeichnen, dann ist impliziert, daß hier von kritischer Delikatesse und polemischer Spitzfindigkeit gewiß noch nicht die Rede sein kann. Kurzschließen läßt sich wahrscheinlich die Fülle fadenscheiniger Texte an irgendeiner Stelle. Wo das Herz bereits in der Vorlage als «finsteres Loch» fungiert, da stellt sich die Anspielung ja fast von selbst ein, und wo es im Original «Schenk mir dein Lächeln, Maria» heißt, bedarf es eigentlich weder besonderer Hinterhältigkeit noch besonderer Kunstgriffe, die latente Offerte manifest zu machen. Ich möchte aber trotzdem meinen, daß die Substitution der schamhaft verbrämten Redeweise durch die offen obszöne eine gewisse kritische Wendung nicht verkennen läßt, und daß auch die Sprache, die hier geführt wird, dem leidigen Gegenstande eigentlich recht angemessen ist.

Vor allem dürfen wir nie aus den Augen verlieren, daß der Schlager wesentlich eine moderne Form der Verschleierung sexueller Anliegen ist. Obwohl er, wie wir jetzt schon öfter hervorgehoben haben, nahezu monopolistisch zeitgenössische Liebespoesie repräsentiert, würde er dennoch nie wagen können, in Sexualibus eine gewisse Freizügigkeit an den Tag zu legen oder gar den Geschlechtsakt offen darzustellen. Die Identifikation, die er anstrebt und von der seine Hersteller leben, findet gewissermaßen im trübsten Winkel des öffentlichen Unterbewußtseins statt. Demgegenüber bedeutet die entstellende Parodie dann aber tatsächlich so etwas wie die Psychoanalyse des kleinen Mannes. Anstatt an der Poetisierung einer mit Poesie schon zur Unkenntlichkeit verschmierten Welt noch weiter mitzuwirken, versucht der Antischlager die Wirklichkeitsattrappen der Schnulzenindustrie auf jene Wirklichkeit rückzuverweisen, die sie verschleiern hilft, was in der einfachsten Form dann so aussehen kann, daß das zweideutige Symbol demonstrativ durch das Aktfoto ersetzt wird, in der nächst unverfrorenen, daß man dem Schleiertanz die Ausziehnummer konfrontiert.

28a Fahr mich
    In die Ferne mein blonder Matrose
    Bei dir
    Will ich sein ohne Hemd ohne Hose
    Wir gehören zusammen
    Wie der Besen und Stiel
    O laß ihn doch drinnen
    'S ist ein schönes Gefühl

> *Fahr mich*
> *In die Ferne, mein blonder Matrose,*
> *Bei dir*
> *Will ich sein auch im Wellengetose.*
> *Wir gehören zusammen*
> *Wie der Wind und das Meer.*
> *Von dir mich zu trennen,*
> *Ja, das fällt mir so schwer.*

28b Fahr mich
In die Ferne mein blonder Matrose
Fahr mir
Mit dem Schlauch übern Bauch
in die Hose

Desgleichen.

29 O Donna Clara
Ich hab dich nackend gesehn
Bei deiner Schönheit
War das wunderschön

O Donna Clara,
Ich hab dich tanzen gesehn,
Und deine Schönheit
Hat mich toll gemacht –

30 Zieh dich aus kleine Maus
Mach dich nackig
Steck'n nein zieh'n naus
Iss er babbich

Melodie: In Großmutters Stübchen ganz leise.

31 Ich pfeif heut nacht
Ohne Hose ohne Hemd
Vor deinem Fenster

Ich pfeif heut nacht
(Dideldideldideldei),
Vor deinem Fenster –

32 Greif mir zum Abschied
Noch einmal ins Hemde

Reich mir zum Abschied
noch einmal die Hände –

33 Komm wir machen eine kleine Reise
   In das nächste Treppenhaus
   Und da zieh ich dir ganz leise
   Deinen seidnen Schlüpfer aus

   Komm, wir machen eine kleine Reise
   In ein Land, so wunderschön.
   Und die Welt dreht weiter sich im Kreise,
   Und du mußt dich mit ihr drehn.

34 Erst kommt der linke Fuß
   Dann kommt der rechte Fuß
   Und dann der Reißverschluß

   Erst kommt der linke Fuß,
   Dann kommt der rechte Fuß
   Und dann der Oh-la-la –

Die Lust an der Bloßstellung und das Vergnügen an der Exhibition gehen im Antischlager noch einmal jene sinnfällige Einheit ein, wie wir sie bereits aus Kinderversen kennen, die Autoritätspersonen in Hemd und Unterhose zeigen. Genau wie kindliche Enthüllungsliteratur indes nicht nur auf Personalkritik zielt, sondern dem Reich der Fabeln und Fiktionen einen vertrauenswürdigeren Typus von Gedichtetem entgegenzusetzen sucht, ist auch die volkstümliche Liebespoesie entschieden als Respons auf allgemein verbreitete Einwickelverfahren zu verstehen. Schon daß sie sich so ausschließlich über das vorgegebene Medium erklärt und wieder und wieder den Bodensatz des Schlagers aufrührt, als wäre es der wahre Grund der Welt, bezeugt, wir tief sie doch die vorhandene durchschaut hat als eine vorgemachte. Sie wiegt sich nicht in der naiven Hoffnung, sie könne ohne weiteres die Wahrheit ausposaunen und den echten Naturtrieb ins Feld führen. Sie zeigt erstaunliche Einsicht in eine Welt, beherrscht von Stimmungsattrappen und Gefühlsprothesen, und sie zeigt sie vor allem darin, daß sie ihr nicht begegnet in paradiesischer Hüllenlosigkeit, sondern als ihre krasse Desillusion.

Fallen lassen müssen bei solcher Lage der Dinge dann allerdings nicht nur die Schlager ihre billigen Reiztextilien, sondern auch wir die Meinung, das Volkslied könne jemals wieder werden, was es war: eine unschuldsvolle Hervorbringung der Natur. Unschuldsvoll wäre an ihm – wenn wir den Begriff einmal ganz aus seinen sexualmoralischen Verklammerungen lösen – allenfalls seine anerkennenswerte Unverkäuflichkeit zu nennen, seine Unzugänglichkeit gegenüber jeder Art der Korruption. Als «natürlich» möchte sich vielleicht seine einigermaßen primitive Fortpflanzungsmethode bezeichnen lassen, immer noch wie in ältesten Zeiten: von Mund zu Mund. Und als Hervorbringung angesprochen, würde es schließlich, und wiederum anders als erwartet, antworten, es brächte zwar etwas hervor, nur eben nicht sich selbst aus dem Nichts, sondern den faulen Zauber aus dem Verklärungsartikel.

Wie sehr die Parodie es gerade darauf angelegt hat und mit welcher Entschiedenheit sie ihr Geschäft besorgt, zeigt sich zumal in einer Verhaltensweise gegenüber dem Modell, die wir als Isolationstechnik bezeichnen könnten, als eine kritische Methode zur Aussonderung von einzelnen Motivzweigen und Anspielungsherden.

Der Schlager, gemeinhin, liebt eine Festlegung in irgendeiner Richtung ja nicht so sehr. Er möchte mehrdeutig sein und vielversprechend, schillernd und breitstreuend, und obwohl es innerhalb des Genres auch immer wieder zur Ausbildung konturierter Typen kommen kann (Seemannsromantik – Ansingetypus – Partymotiv), scheut doch das breite Gros die allzu klare Festlegung, und der Appell an die Öffentlichkeit gründet sich gerade auf den sehr diffusen Stimmungsakkord. Genau auf diesen Stimmungsakkord aber hat es die Parodie nun abgesehen, und es spricht einmal mehr für ihre dezidierte Scheidekunst, daß sie ihm die Stimmung jeweils im einzelnen verdirbt.

Lassen wir uns dadurch nicht irremachen, daß uns die Schlagerparodie am Ende immer wieder nur die nämliche Pointe zu bescheren scheint. Da sie sich nun einmal einen Gegenstand zum Streitobjekt gewählt hat, zu dessen Eigenart es gehört, daß er humane Gefühlsregungen imitiert und, unter dem Vorwand, er verhelfe dem ganzen Jubel und dem ungeteilten Schmerz der liebenden Gesamtpersönlichkeit zum Ausdruck, die großen Leidenschaften zu Galanteriewaren verarbeitet, ist der Regreß auf die Zote zunächst einmal die passende Antwort auf das Genre schlechthin. Wenn wir sie aber recht zu lesen versuchen und nicht voreilig abwehren, was ohnehin ihre Absicht ist, die Provokation, dann eröffnet sich uns wahrscheinlich ein Einblick in sehr viel differenzierte Anspielungsgehalte.

Nehmen wir zum Beispiel nur einmal ein paar Strophen wie die folgenden:

35 O wie so trügerisch
    Sind Weiberherzen
    Sind keine Männer da
    Nehmen sie Kerzen

   *O wie so trügerisch
   Sind Weiberherzen,*

Mögen sie klagen,
Mögen sie scherzen.

36 Ich wollte man und konnte nicht
Und hielt ihn in der Hand
Da bin ich voll Verzweiflung
In der Stube rumgerannt
Ich wollte mal und konnte nicht
Das Loch war viel zu klein
Es wollte nicht der Kragenknopf
Ins Oberhemd hinein

Melodie: k. u. k. Deutschmeister-Regimentsmarsch.

37 Wenn am Samstag abend der Wichsclub trainiert
Rein mit'm Bibbel
Raus mit'm Bibbel
Halbzeit

Wenn am Samstag abend
Die Dorfmusik spielt
Hei dideldei, hei dideldei,
tummta —

38 Ja das ist die Liebe ohne Hosen
Auf die Dauer liebster Schatz
Ist der Finger kein Ersatz

Ja, das ist die Liebe der Matrosen,
Auf die Dauer, liebster Schatz,
Ist ein Herz kein Ankerplatz.

39 Was machst du da für Dinger
Mit deinem Finger

Melodie: Wenn meine Frau mal ausgeht.

40 Ich mach es mit der Hand Madame
Und denk es wär ihr Mund

Ich küsse Ihre Hand, Madame,
Und denk, es wär Ihr Mund —

41 Irgendwo
Auf dem Klo

Sitzt ein Mann
Und spielt Jo-jo

Irgendwo
Auf der Welt
Gibt's ein kleines Stückchen Glück.

42 Onanie Onanie
Immer wenn ich an dich denke
Zittern mir die Handgelenke
Und die Knie
Denn als Handarbeiter bin ich ein Genie

Melodie: O Marie, O Marie.

43 Heute Nacht
Onanie

Heute nacht
Oder nie –

44 Schöner Gigolo armer Gigolo
Denkst du noch der alten Zeiten
Da du als Masseur hattest das Malheur
Mit dem Finger auszugleiten

Schöner Gigolo, armer Gigolo,
Denkst du nicht mehr an die Zeiten?
Wo du als Husar,
Goldverschnürt sogar,
Konntest durch die Straßen reiten –

45 Kennen Sie die neuste Stellung schon
Mit dem linken Bein durchs Telefon

Gib mir einen Kuß durchs Telefon,
Sag mir leis, daß du mich liebst –

46 Mein Sack mein Sack mein Saxophon
Das ist mein Ei mein Ei mein Eigentum
Da laß ich keinen andern ran
Da bleib ich lieber selber dran

Melodie: Rosamunde, Refrain.

47 Laß die Hand vom Sack laß die Hand vom Sack
Laß die Hand vom Saxophon

Denn das ist mein Ei denn das ist mein Ei
Denn das ist mein Eigentum

Kleiner Hampelmann
Kleiner Hampelmann,
Ja, was machst du denn für Sachen?

Nehmen wir Strophen wie die eben vernommenen einmal zum Beispiel und vergleichen sie a): mit dem Vers der Zwangskopulation (dem Notzuchtsreim) und b): der Ausziehnummer, dann fällt sogleich auf, daß c), in dem man je nach Belieben und Gesichtswinkel das Frustrationsmotiv erkennen mag oder das Selbstbefriedigungsgleichnis, den Schlager von einer ganz neuen Seite her anspricht. a) und b) trachten danach, dem Schlager Konsequenzen anzuhängen, für die er nicht einstehen mag; sie zeigen darin sogar gewisse erpresserische Züge. a) und b) drängen ihn zur Vertragserfüllung einfach so, daß sie die Anspielungsgehalte offen einkassieren und dem Gesangspartner statt des Gesungenen brutal das Gemeinte zwischen den Zähnen herausziehen. c), um eine Windung gewiefter, verzichtet indes darauf, dem Vorsänger die unverblümte Meinung abzufragen, ihn interessiert, was der am Ende bietet, und das dann sagt er ihm hinterrücks auf den Kopf zu: Ersatzbefriedigung. Als der feinere Vetter eines vergleichsweise grob gearteten Bruderpaars, lockt er den Gegenspieler solcherart aus der Reserve, daß er ihn anspricht just in seinen reservierten Äußerungen, dezenteren Gesten, verhaltenen und zart-galanten Zuwendungen («Ich küsse Ihre Hand, Madame, und denk es wär ihr Mund» – «Gib mir einen Kuß durchs Telefon» – «Irgendwo auf der Welt gibt's ein kleines Stückchen Glück») und ihm gelegentlich des Unverfänglichsten von der Welt den heimlichen Godemiche nachweist.

Vom Schlager als einem Schwindelunternehmen und Schlagerliebe als einem enttäuschenden Vergnügen singt dann aber auch der hochinteressante Typus d). Ähnlich wie c) und im Gegensatz zu a) und b) findet er sein Vergnügen weniger darin, den Pfarrer im Bett, sondern den Kaiser im Bett versagen zu sehen, was heißt, daß er unter vielen möglichen Desillusionsverfahren, dasjenige repräsentiert, das sich die Enttäuschung auch einmal vom Motiv her vorknöpft. Alles was der Schlager an Blauem vom Himmel herunter verspricht, prüft er mit kritischem Blick auf Ursache und Wirkung. Überall, wo der Schlager schöne Aussichten anzeigt, singt dieser Gegenspieler das Ende vom Lied. So ist er innerhalb seiner lustigen Mischpoke denn eigentlich ein rechter Miesepeter, den allenfalls so etwas wie Schadenfreude rührt, z. B. wenn er die Großeliebe oder die Liebe der Großen in Dunst aufgehen lassen kann.

48 Was eine Frau im Frühling träumt
    Das wird im Herbst ihr ausgeräumt

    Was eine Frau im Frühling träumt,
    Klingt oft so dumm und ungereimt.

49 Was eine Frau im Frühling träumt
    Das hat der Mann im Bett versäumt
    Bei einem Jüngling kommt es schnell
    Beim alten Mann
    Eventuell

    Desgleichen

50 O was ein Malheur
    Meine Unschuld die blieb beim Friseur

    Walzer: Über den Wellen.

51 Was kannst du mir denn schon bieten
    Nichts als Liebe alle Zeit
    Ganz genau so wie heut

    Das kannst du mir nicht verbieten
    Dich zu lieben alle Zeit
    Ganz genau so wie heut –

52a Schade Soraya kriegt kein Kind
    Schade der Schah hat Luft im Pint

    Melodie: River-Kwai-Marsch.

52b Schade Soraya kriegt kein Kind
    Schade daß wir nicht bei ihr sind

    Desgleichen

53 O Farah O Farah O Diba
    Was nützt dir dein Charme und dein Geld
    Schenkst du ihm kein Söhnchen
    Dann schmeißt er dich vom Thrönchen
    O arme Farah Diba ohjeohjeohje

    Marina, Marina, Marina,
    Dein Charme und dein Chic, der gefällt.
    Wunderschönes Mädchen,
    Bald sind wir ein Pärchen,

> *Darum laß mich nicht alleine,*
> *Oh-no-no-no-no-no!*

Einen Idylliker fast unter Schwarzmalern und Stimmungstötern möchte man dann in e) sehen, mischte sich nicht wieder der Verdacht ins Spiel, er gäbe sich nicht ohne Hintergedanken so kleinkariert. Seine Vorliebe für das Glück im Winkel, die traute Zweisamkeit im «Traumboot der Liebe» oder in der verschwiegenen Konditorei scheint eher auf Mißgunst hinauszulaufen als auf gemütvolle Anteilnahme. Seine überaus plastisch entwickelte Neigung zu Vergleichen aus Keller und Küche, aus Werkstatt und Besenkammer wirkt doch gelegentlich recht störend, so wenn sich in seiner kruden Phantasie romantische Regentropfen als Eiernudeln malen oder wenn er präzis an falschem Ort und zu falscher Stunde mit Waschmitteln zu hantieren beginnt. Nein, recht betrachtet, ist er doch ein arger Materialist, unser pfiffiger Biedermann, ohne tieferen Sinn für das Höhere, ohne höheren für die trauliche Intimität und ein Blick auf seinen Humor, der sich vornehmlich an Unglücks- und Trauerfällen zu entzünden scheint, läßt uns für den Charakter gelinde gesagt ein bißchen schwarz sehen.

54 Steig in das Schaumboot mit Suwa
Wasch dir die Füße mit Rei

Steig in das Traumboot der Liebe,
Komm doch mit mir nach Hawaii.

55 Eiernudeln
Die an dein Fenster trudeln
Das merke dir
Das ist ein Gruß von mir

Regentropfen
Die an mein Fenster klopfen,
Das merke dir:
Sie sind ein Gruß von mir.

56 In einer kleinen Konditorei
Da saßen wir zwei
Und fraßen für drei

In einer kleinen
Konditorei,
Da saßen wir zwei
Bei Kuchen und Tee.
Du sprachst kein Wort,
Kein einziges Wort,

Ich wußte sofort,
Daß wir uns verstehn.
Und das elektrische Klavier,
Das spielte leise
Die alte Weise
Von Liebesleid und -weh –

57 Auf einer langen langen Chaussee
Stand ein kleiner DKW
In Kälte Eis und Schnee
Er hatte Panne Motordefekt
Der Benzintank war leck
Der Auspuff verdreckt
Und der Besitzer stand dabei und mußte weinen
Über seinen
Kleinen DKW
Auf einer langen – ect. –

Desgleichen

58 Trink trink Brüderlein trink
Laß doch die Sorgen zu Haus
Trink trink Brüderlein trink
Noch dieses zwölfte Glas aus
Meide den Kummer und meide den Schmerz
Dann ist das Leben ein Erdapfelsterz
Steig in das Auto und fahr an den Baum
Dann war das Leben ein Traum

Trink trink, Brüderlein trink,
Laß doch die Sorgen zu Haus!
Trink, trink, Brüderlein trink,
Zieh doch die Stirn nicht so kraus.
Meide den Kummer und meide den Schmerz
Dann ist das Leben ein Scherz.

59a Ei ei ei Sanella
Sanella auf dem Teller
Wenn Sanella ranzig wird
Dann wird sie's immer schneller
Einmal hab ich sie probiert
Auf das Butterbrot geschmiert
Da bin ich explodiert

Ei, ei, ei, Maria,
Maria aus Bahia.

> *Alles was mein Herz verlangt,*
> *Das schenkst du mir, Maria,*
> *Du bist die schönste aller Fraun,*
> *Laß die andern Leute schaun,*
> *Wenn wir uns nur vertraun.*

59b Ei ei ei Sanella
Sanella auf dem Teller
Wenn Sanella ranzig wird
Dann kommt sie in den Keller
Ist die Kellertüre zu
Hat Sanella keine Ruh
Denn die Mäuse beißen zu

Desgleichen

In f) haben wir einen Typus von Spielverderber vor uns, der in manchen Zügen zwar mächtig an e) erinnert, durch seine außerordentlich spezialistische Ausbildung dann aber doch vom allgemeineren Charakterbild des e) abweicht. f) arbeitet nämlich ausschließlich im Sonderauftrag. f) betätigt sich vornehmlich als unbestellter Reisebegleiter. Man könnte f) auch einen Kopiloten ohne Patent nennen, denn wo immer der Schlager eine Funktion darin sieht, seine mit sich und ihrer näheren Umgebung zerhaderte Kundschaft in unbewölkt entlegenes Gelände zu entführen, erkennt der Typus f) die seine in der Transportbehinderung. Nur scheinbar begibt er sich für eine Weile mit auf Kurs, steuert die gleiche Ferne an, die der Schlager vorgibt, hält sich an die Route, die Pfeil und Kruckenberg empfehlen, kaum daß er aber den Eindruck erweckt hat, er sei sozusagen mit von der Partie, lenkt er den vielversprechenden Flug zurück und alle himmelstrebenden Erwartungen aufs platte Land des Allbekannten.

60 Träume von der Südsee
Von den Nächten auf Shanghai
Träume von der Nordsee
Von der Krabbenfischerei

Träume von der Südsee,
von den Nächten auf Hawaii,
Träume von den Stunden
Voller Glück und Liebelei –

61a Fahr mich
Mit dem Rollschuh nach Addis Abeba
Da wäscht

Sich der Negus die Füße mit Fewa
Und die Neger die staunen
Und der Negus ist platt
Was man in Deutschland
Für Waschmittel hat

Siehe: Fahr mich in die Ferne, mein blonder Matrose.

61b Fahr mich
Mit dem Schlittschuh nach Addis Abeba
Da boxt
Max Schmeling gegen Louis den Neger
Sie boxen zusammen
Wie die Katz und die Maus
Max Schmeling kriegt 'n Niernschlag
Und der Boxkampf ist aus

Desgleichen

62 Muh muh
So meckert die Kuh von Barcelona
Sie gibt keine Milch mehr
Die Titten sind leer
Magermilch Magermilch
Tönt der letzte Schrei
Mit Vollmilch mit Vollmilch
Ist es längst vorbei

Melodie: Funiculi-Funicula

63 Es fährt mit seiner Taxe
Unser Oberbürgermeister Brauer-Maxe
Nach'n Rathausmarkt
Mit ein Pfund Quark
Will er sein Volk ernähren
Das Volk schreit unabläßlich
Unser Bürgermeister findet das sehr häßlich
Denn auf'n Rathausmarkt
Mit ein Pfund Quark
Will er sein Volk ernähren

Es fährt in seiner Troika
Mister Moneymaker mit der Balalaika
Am Schwarzen Meer,
So hin und her
Und singt das Lied vom Broadway

64 Ei ei ei Maria
    Dei Bux is aus Papia

   Ei, ei, ei, Maria
   Maria aus Bahia –

Es ist vielleicht kein bloßer Zufall, daß wir über f) so zwanglos zu g) und somit vom Quasi-Ausflugsvers zum Quasi-Ansingepoem gekommen sind. f) und g) unterscheiden sich zwar sichtbarlich darin, daß auf der einen Seite Kurs auf ein fernes Land genommen und wieder zurückgenommen, mit g) indes die schönste Dulcinea auf die Erde verbannt wird, in beiden Fällen revidiert sich aber doch ein Exkurs ins Himmlisch-Ungewisse durch den Rekurs aufs Landläufige, und was unter exotischen Decknamen glaubte der Einfalt billig sich empfehlen zu können, wird prompt und wohlfeil an die richtige Adresse, d. h. nach Komotau und seinen bekannten genius loci weitergeleitet.

65a Martha Martha
     Du entschwandest
     Und mit dir mein Portemonnaie

   Martha, Martha,
   Du entschwandest,
   All mein Glück nahmst du mit dir.

65b Martha Martha
     Du gehst schwanger
     Und das Kind ist nicht von mir

   Desgleichen

66 Rosamunde
    Schenk mir dein Sparkassenbuch
    Rosamunde
    Zehntausend Mark sind genug

   Rosamunde,
   Schenk mir dein Herz und dein Ja
   Rosamunde,
   Frag doch nicht erst die Mama –

67 Lore leih mir fünf Mark
    Und dein Nachtquartier
    Ich will als Dank dafür
    Dein Ritter sein

   Lore schenk mir dein Herz
   Und sei lieb zu mir.

68a Valencia
Deine Augen
Meine Augen
Hühneraugen Kukirol
Lebewohl lebewohl

Valencia,
Täglich hör ich deine Stimme,
Die mich zärtlich lockend ruft –

68b Valencia
Deine Titten
Ham gelitten
Unterm Drucke meiner Hand

Desgleichen

69 Addio Donna kratz mich mal
Wohin ist ganz egal

Addio, Donna Gratia,
Du warst mein Sonnenschein.

70 Angelina was ist das
Deine Unterhos ist naß
Warste baden?

Melodie: Angelina

Mit Sicherheit eine Spezialanfertigung dürfen wir dann aber in h) vermuten. h) zeigt seine Optik nämlich markant auf eine Erscheinung ausgerichtet, die schon im Schlager einen immer wiederkehrenden Typus darstellt: die unwiderstehlich männliche Erfolgsperson. Diese Erfolgsperson, mal eher See-, mal eher etwas Lebemann, durchgeistert die erfolgsbesessene Gattung praktisch seit Anfang ihrer Geschichte. Sie vertritt hier plausibel die individualistische Idee im demokratischen Zeitalter, läßt überzeugend die Möglichkeit zum Abenteuer im Massenbetrieb erkennen, verkörpert strahlend den Aufstieg aus beschränkten Verhältnissen zu scheinbar unbeschränkter Freiheit und ist im ganzen schon des Schlagers bestes Stück und immer wieder leicht am Markt zu orientierender Identifikationsartikel. Wie aber nimmt ihr schönes Bild sich aus im Rahmen des Antischlagers und der Umgangspoesie? Sie nimmt sich folgendermaßen und auf zweierlei Weise aus. Entweder es wird der Wunsch, der sie begleitet, so offensiv beim Schwanz gepackt (mit Picasso zu sprechen), daß aller feine Charme sich mirnichtsdirnichts zu Garnichts verflüchtigt; oder man mißt ihr überragendes

Wesen einfach an Bildausschnitten aus dem bürgerlichen Heldenleben und hat, wo beides kollidiert, zumindest einigen groben Spaß und in jedem Fall die Glaubwürdigkeit auf seiner Seite.

71 Max Schmeling steht im Hemd
    Zwei Finger in die Futt geklemmt
    Anni Ondra steht dabei
    Und schüttelt ihm das linke Ei

    Melodie: Alte Kameraden.

72 Zehn nackte Weiber
    Zeigten ihre Leiber
    Zeigten sie dir
    Sonnyboy

    Mehr als mein Leben
    Möchte ich dir geben
    Du bist mein Glück
    Sonnyboy.

73 Bitte bitte bitte lieber Neger
    Mach mir doch ein Kind

    Bitte, bitte, bitte, lieber Geiger,
    Mach Musik für mich
    Bitte, bitte, bitte, lieber Geiger,
    Dafür lieb ich dich.

74 Ja der Peter
    Der ist bei Fromms Vertreter
    Wer nimmt drei für neunzig
    Alle Frauen freun sich
    Der Peter der kommt selbst ins Haus
    Probiert es selber aus

    Ja, der Peter,
    Das ist ein Schwerenöter —

75 Wenn ein junger Mann kommt
    Der weiß wann der Schmant kommt
    Weiß er was er tut

    Wenn ein junger Mann kommt,
    Der weiß, woraufs ankommt,
    Weiß er, was er tut.

76 Lacht ein junger Mann dich an
    Laß ihn drüber
    Schickt er Rosen dann und wann
    Laß ihn drüber
    Wenn er sehr gut küssen kann
    Laß ihn drüber
    Denn sonst heirat dir vom Fleck
    Ein andres girl ihn weg

   Lacht ein junger Mann dich an,
   Sprich nicht drüber,
   Schickt er Rosen dann und wann,
   Sprich nicht drüber.
   Etc.

77 Bist verrückt nach den Fraun
    Bellami
    Hast kein Glück bei den Fraun
    Bellami

    Du hast Glück
    Bei den Fraun, Bellami,
    Soviel Glück bei den Fraun,
    Bellami —

78 O Theophil o Theophil
    Du hast am Arsch ein Haar zuviel

    O Theophil, o Theophil,
    Du warst mein alles auf der Welt —

78a Mein Mann der fährt zur See
    Mit dem Pißpott auf der Elbchaussee

    Marsch: Alte Kameraden.

79b Mein Mann der fährt zur See
    Mit dem Kinderwagen durch die Spree

    Desgleichen

Eine nicht gerade häufig anzutreffende, in einigen Exemplaren aber sehr eindrucksvoll belegte Untergattung gibt sich uns schließlich im Typus i) zu erkennen. i) unterscheidet sich zumal darin von seiner übrigen stachelhäutigen Verwandtschaft, daß sein Interesse an den Stimmungsgehalten einer Schlagernummer sich deutlich auch auf Interpretation und Darbietungsweise ausdehnt. Als, zum Beispiel, während des

Krieges, ein neuer inbrünstig beschwörender Sound in Mode gekommen war, das Zarah-Leander-Timbre, passierte es, daß der Gegenschlager Gesang und Sänger so weit identifizierte, daß sich in jeder Verdalberung einer Zarah-Leander-Nummer das Lied und seine Interpretin gleichermaßen getroffen fühlen durfte.

80 Heut nacht hat mich ein Wind gequält

Der Wind hat mir ein Lied erzählt
Von einem Glück, unsagbar schön.
Wer weiß, was meinem Herzen fehlt,
Für wen es schlägt und glüht?
Er weiß, für wen.

81 Der Wind
Spielt mit der Lokustür
Und eine Stimme schreit
Papier

Desgleichen

82 Eine Sau wird erst fett durch Kartoffeln
Darum sehnt sie sich stets nach Kartoffeln
Erst beim Fressen beginnt sie zu blühen
Und zu glühen heiß und wild
Wie im Feuer beginnt sie zu glühen
Bis sie ganz ihren Hunger gestillt
Darum sehnt sie sich stets nach Kartoffeln
Denn Kartoffeln machen fett

Eine Frau wird erst schön durch die Liebe,
Ganz allein nur durch die Liebe.
Erst beim Küssen beginnt sie zu glühen
Und zu sprühen heiß und wild.
Wie ein Feuer beginnt sie zu glühen,
Bis sie ganz ihren Zauber enthüllt.

Sehr unvollständig möchte sich unsere kleine Typenkunde freilich ausnehmen, würden wir unserem Verhandlungspartner eine Frage ganz ersparen, mit der man seinen Antipoden, die Schlagernummer, immer wieder gern traktiert hat, und ich meine die Frage nach seinem Zeitsinn und seinen veränderlichen Charaktermerkmalen. Wie sehr gerade dies Problem auch heute noch virulent ist, ersehen wir aus einem polemischen Wortwechsel, der vor noch nicht gar so langer Zeit in der Zeitschrift ‹Die Zeit› zu lesen war. Hier hatte der Filmkritiker Uwe Nettelbeck, verwöhnt womöglich durch die präzisen Zeitansagen und

Umstandsbestimmungen, die ihm vom Kino her geläufig, geglaubt dem Schlagertext totale Indifferenz gegenüber der aktuellen politischen Stunde vorwerfen zu müssen und seinen Exkurs dann in die Meinung münden lassen: «Daß Schlagergeschichte zugleich Sozialgeschichte sei, ist ein Irrtum der Kulturkritik, die bei ihrer gelegentlichen Beschäftigung mit dem Schlager als neu und typisch für irgend etwas, das sie sich dazudenkt, begreift, was gar nicht neu ist – und nur insofern typisch.» Rufus, sein Gesprächspartner hingegen, hatte nicht ohne treffliche und womöglich treffendere Beispiele darzutun vermocht, daß Schlager sich sehr wohl den jeweiligen Schwankungen im ideologischen Feingefüge einer Gesellschaft akkomodieren, und ich muß gestehen, daß wir, ohne uns zerreißen zu müssen, mit gutem Grund in beide Richtungen nicken könnten und beiden Richtungen dennoch unseren letzten Zuschlag vorenthalten. Solche scheinbar widersprüchliche Reaktion klärt sich, wenn wir uns den Schlager als das vor Augen führen, was er rechtens ist: ein öffentlicher Zeitvertreiber, nicht allein zu bewerten nach dem, was sich an Zeitansagen dezidiert feststellen läßt, sondern nach jener Zeit, die er heimlich vertreiben hilft. Daß er gewissermaßen bleibend über ein Repertoire bestimmter Entrückungsmittel gebietet, mit denen er seine Kundschaft an den Himmel versetzen kann, erklärt ja seine temporären Erfolge nur sehr unvollkommen; die außerordentliche Beliebtheit seiner großen Nummern zu erhellen, bedürfte es schon der genaueren Prüfung, welches Stück Boden dem Illuminanden jeweils unter den Füßen weg- und welches Stück Kulisse vor seinen Augen hochgezogen wird. Es wäre aber sicher gleich voreilig, sein zeitliches Wirken nach den paar klaren Affirmationskundgebungen bewerten zu wollen, die sich allenfalls am Rande der eigentlichen Erfolgszone feststellen lassen. Zeit, wenn wir sie einmal aus den durchschlagenden Piecen zu deduzieren versuchen, die den Namen der Gattung begründet haben und weiter tragen helfen, Zeit kündigt sich gemeinhin eher in gezielten Auslassungen an als in der aktuellen Anspielung, und die tiefere Faszination des Zeitvertreibers beruht auf dem, was in ihm glänzt durch Abwesenheit.

Genau auf diesen Punkt seines zwittrigen Wesens scheint es aber nun sein Widerpart, der Antischlager, abgesehen zu haben. Während der Schlager allemal ins Zeitlose sich verduftet, und zwar um so entschiedener, je widriger die äußeren Umstände anmuten, von denen er ablenken möchte, macht jener sich eine Lust und seinem Publikum eine Wahrheit daraus, den ewigen Anspruch am aktuellen Notstand zu messen. Während hier und sub specie aeternitatis Windeier in die Welt entlassen werden, versucht man dort, ihnen vom scharfen Geist der Zeit einzublasen; während dieser die Liebe zur Himmelsmacht verklärt, hält jener sie eher für ein Sozialprodukt und eine Zeiterscheinung, weshalb er die Weltentrückte unentwegt an die besonderen Umstände zu erinnern beliebt, mit denen sie wohl oder übel zu rechnen hat.

Somit gesellt sich den bislang von uns behandelten Umstandsverstellungen des Ortes und der Art und Weise, des Grundes und der Proportion schließlich, als vielleicht wichtigste, die Temporalverschiebung, wichtigst, weil nirgends so deutlich wie gerade aus ihr die zeitkritischen Momente der Parodie ersichtlich werden. Daß sie dennoch nicht immer gleich gut profiliert vor unser Auge tritt, so daß wir gelegentlich im Zweifel sind, ob es sich hier nun um eine Konstituante der Parodie überhaupt oder um eine nur beiläufige Zeiterscheinung handelt, mag wiederum damit zusammenhängen, daß es nicht immer gleich dringlich sein dürfte, zeitliche Mißweisungen des Schlagers zu korrigieren. Aller Wahrscheinlichkeit werden Synchronisation und Zeitverschiebung vorzüglich dann zu beobachten sein, wenn die vom Schlager vorgegebene Zeit vom Bild der wirklichen allzu unwahrscheinlich abweicht. Der Wunsch, durch Verstellung die Uhren recht zu stellen, dürfte vermutlich immer dort geweckt werden, wo Schlager aus dem Anachronismus sozusagen ein Programm machen, und in der Tat ist es denn just die Parodie des Kriegsschlagers, die uns aktuelle Anspielungen die Fülle beschert.

Dazu muß man wissen, daß der Schlager während der Kriegszeit (Wilfried Berghahn und Hans Christoph Worbs haben in einschlägigen Studien darauf hingewiesen) einen bishin fast unbekannten Neigungswinkel aufs Irreale, Fabelhafte und Traumverlorene zu entwickelte. War der Schlager der Zwanzigerjahre keck, frivol, unge- und zeitbezogen, so hieß die Alternative in den ersten vierzigern allenfalls Mark oder Schmalz. Je härter die Zeit sich aber anließ, um so weniger nahm der Schlager von ihr Notiz. Je aussichtsloser die Lage, je sicherer die Verengung der realen Perspektiven, um so deutlicher eine sehr allgemeine Stimmungsverlagerung von einem punktuellen Optimismus («Für eine Nacht voller Seligkeit / Da geb ich alles hin») über sentimental schweifende Nachlustempfindungen («Zum Abschied reich ich dir die Hände / Und sag ganz leis auf Wiedersehn») bis schließlich zu einem nur noch wundergläubigen Naturmystizismus («Es geht alles vorüber / Es geht alles vorbei / Auf jeden Dezember folgt wieder ein Mai»). Unabhängig jedoch davon, was ein mehr oder minder den Entwicklungslinien des Systems angepaßtes Publikum sich nun an Überhöhung von seiner Schlagerindustrie erwartete – wie die konkrete Stunde wirklich hieß und der vom Schlager propagandistisch verzerrte Eros sich ausnahm, kraß vor dem Hintergrund der ungeratenen Zeit, erfahren wir zuverlässig aus der Schlagerparodie, die – wie wenig positiv man sie immer nennen mag – dennoch die vorgelegten Negative zur Kenntlichkeit entwickelte.

83 Meine Schwester vögelt mit der Flakmannschaft
    Daß die Haare fliegen durch die Nachbarschaft
    Sie sollte sich was schämen
    Noch Geld dafür zu nehmen

    Melodie: Pariser Einzugsmarsch.

84 Du hast Glück
    Bei der Flak
    Erna Sack

    *Du hast Glück bei den Fraun,
    Bellami –*

85 Kohlrabi Kohlrabi
    Meine Mutter kriegt ein Baby
    Ich darf es nicht verraten
    Es ist vom Flaksoldaten

    Melodie: Rosamunde, Böhmische Polka.

86 In der Nacht in der Nacht
    Wenn die Fliegerbombe kracht
    Und der Bauch explodiert
    Kommt das Kind herausmarschiert

    Melodie: In der Nacht, wenn die Liebe erwacht, s. o.

87 Träume von der Südsee
    Denn die Nordsee ist zu kalt
    Träume von den Pimpfen
    Denn die Flieger sind zu alt
    Träume von den Schülern
    Denn die Soldaten sind nicht einwandfrei
    Träume von der Liebe
    Denn sie ist so schnell vorbei

    Melodie: Träume von der Südsee, s. o.

88 Für einen Stoß in den Unterleib
    Geb ich mein Soldbuch hin
    Damit du meine Adresse weißt
    Wenn ich im Urlaub bin

    *Für eine Nacht voller Seligkeit,
    Da geb ich alles hin.*

Und ich verschenk mein Herz nur dann,
Wenn ich in Stimmung bin.

89 Zum Abschied reich ich dir mein Soldbuch
Und sag daß ich verheirat bin
Drei Kinder gehen schon zur Schule
Es ist nicht so schlimm

Zum Abschied reich ich dir die Hände,
Und sag ganz leis: Auf Wiedersehn.
Ein schönes Märchen geht zu Ende,
Und war doch so schön.

90 Es geht alles vorüber
Es geht alles vorbei
Mein Mann ist in Rußland
Ein Bett ist noch frei

Es geht alles vorüber,
Es geht alles vorbei.
Auf jeden Dezember
Folgt wieder ein Mai.

91 Wenn ein Telegramm kommt
Wo drauf steht mein Mann kommt
Weiß ich was ich tu
Weiß ich was ich tu

Melodie: Wenn ein junger Mann kommt, s. o.

Ein bekannter Kriegsschlager, in diesem Fall sogar ein in höherem Propagandaauftrag reisender, brachte das heikle Thema von der Liebe des Soldaten übrigens einmal auf folgenden Nenner: «Soldaten sind Soldaten / Und keine Herzpiraten», ein Dekret, das sich bei einem Titel wie «Es ist so schön, Soldat zu sein» nahezu zwangsläufig ergeben haben mag. Wer letztere Ansicht aus der Erfahrung nicht bestätigen konnte (und was wäre der Paraschlager anderes als ein Produkt und Ausdrucksmittel kollektiver Erfahrungen?), der mußte dann freilich auch im Hinblick auf die zweite Behauptung zu abweichenden Beobachtungen kommen, und, quod exempla docent, kein anderes Motiv zeigt sich so breit belegt, so signifikant geprägt im einzelnen wie eben die lustig-schlimme Weise von Räuberliebe und erotischer Freibeuterei. Anonym und zufällig wie in gewissen Diversantenweisen der Tod, so stellt sich uns im kriegsläufigen Minnevers die Liebe dar: eher eine erzwungene, erschlichene oder erkaufte Gelegenheit als eine persönliche Dedikation geneigter Schicksalsmächte und eher von Gewalttätigkeit und Notstand gezeichnet als gerade schon der Ausdruck unbelasteter Libertinität. Von einem Preislied auf die freie Liebe kann also wohl nur sehr bedingt gesprochen werden. Die zynische Betrachtung freizügiger Angebote weist immer auch auf die rezente Zwangssituation zurück, die solche Offerten nötig macht. Die zunächst nur frivol erscheinende Schilderung von Treu- und Ehebrüchen, wildernden Hausfrauen und rasch sich empfehlenden Liebhabern bekommt ihre eigene Schwärze, wo sie auf die situationären Trennungsschäden anspricht. Nichts eigentlich versteht sich hier von selbst, aber alles aus der Zeit, und somit fügen sich die lustig-bösen Genrebildchen am Ende fast zu einer kleinen Zeit- und Sittengeschichte.

Das Volksvermögen ...

... vermag sich auf vieles einen Reim zu machen, im Gegensatz zum Volkseinkommen, das voller Ungereimtheiten steckt. Das Volksvermögen gibt jedem Popanz, was er verdient, das Volkseinkommen ist ungerechter verteilt.

Doch das ist, laut Kommerzlied, nicht weiter schlimm, denn «was wirklich zählt auf dieser Welt, bekommt man nicht für Geld». Was soll man also mit all den Moneten: «Ich brauche keine Millionen», denn «ich hab ja dich und deine...» und so weiter. Geld ist für den Singesänger keine Frage, er macht sich keine Sorgen um morgen, schon des Reimes wegen.

Der Volksmund aber lebt nicht von Luft und Liebe und pfeift nicht auf Geld: Lieber reich und gesund als arm und krank. Oder: Hauptsache, man ist gesund und die Frau hat Arbeit. Denn: Geld macht nicht glücklich, aber es beruhigt so schön.

Pfandbrief und Kommunalobligation · Wertpapiere mit hohen Zinsen · Für jeden Sparer · Ab 100 DM bei Banken und Sparkassen

Verbriefte Sicherheit

IX Hörst du mein heimliches Fluchen

Die Interessen des Volksmundes und des Kindermundes sind eines. Ein anderes die Wunschvorstellungen ihrer Fürsorger und Vormundschaftsrichter. Das haben wir zwar schon öfter feststellen können, so gelegentlich unserer Betrachtungen des Abzählreims, des Namensspottes, der versifizierten Handwerkerschelte oder des Lügenmärchens, nirgends indes wird es so deutlich wie am Beispiel der politischen Umgangspoesie, die eigentlich gar keine Versart für sich ist, keine in sich geschlossene und durch verbindliche Formalitäten bestimmte Gattung, sondern eine mehr oder minder flüchtige Zeiterscheinung, hervorgerufen und bewegt vom Druck, vom Strudel, von der alle Sinnesregungen und vitalen Bedürfnisse prägenden Macht gesellschaftlicher und politischer Ereignisse.

Wie reagiert der Volks-, wie der Kindermund auf das, was wir etwas vereinfachend und umfassend Politik nennen? Leider sind die bekannten Sammlungen von Volkspoesie just auf diesem Gebiete von einer Verhaltenheit, die triftige Rückschlüsse schwierig macht. Was wir allenfalls in Erfahrung bringen können, ist, daß der Volksentscheid in großen und bewegten Zeiten anscheinend nicht zu Gunsten der groß angezeigten Ideale ausfällt, eher läuft es hier schon auf polemische Anmerkungen zu sogenannter Größe hinaus, friderizianischer, wilhelminischer oder gar hitlerischer, und ganz offensichtlich ist dem gemeinen Manne das eigene Hemd näher und lieber als der ihm von Staats wegen zugemessene Waffenrock.

Krieg, nationale Katastrophen, öffentliche Notstände und soziale Umwälzungen haben den Volksmund nie unbeteiligt gelassen. Vermutlich ist es aber die besondere Art der Beteiligung gewesen, die unseren völkisch bewegten Volksgutsammlern nur wenig behagen mochte. Vermutlich waren es die Kleineleuteoptik, der Mangel an Heldenverehrung und Untertanengeist, ein Zug zu Befehlsverweigerung und Meuterei, die sich in das Konzept einer nationalromantischen Erneuerungsbewegung nicht fügen wollten – Verhaltensweisen insgesamt, die überall eher hinzupassen scheinen als in den Rahmen einer ideologischen Rüstkammer.

Nur am Rande sei hier vermerkt, daß der allzeit erwünschte Einstand des Volksgeistes mit den Anliegen der Herrschaft, des Vaterlandes, der Nation nicht einmal in wahrhaft hochgestimmten Zeiten gesichert war. Gewiß nicht ohne triftigen Grund untersagten Blücher und Gneisenau ihren Kriegern den Gesang der empfindsam-resignierenden Weise «Dunkle Nacht, dein holder Schleier decket mein Gesicht vielleicht zum letztenmal». Selbst im katalysatorisch günstigen Klima der Freiheitskriege wollten Gemeinschaftsgesang und Gemeinschaftsgefühl nicht von sich aus den Optimismus ausstrahlen, den die Führer für wünschenswert hielten; siegreiche Gemetzel und triumphale Schlachtfeste führten in den unteren Rängen der Beteiligten nicht immer zu patriotischen Euphorien, und der mitreißende Klang der Trompete von Vionville war eben doch nur ein Kunstprodukt.

Ein Kunstprodukt war überhaupt das volkstümliche Lied, wie es das neunzehnte Jahrhundert und seine Einheitsstrategen aus durchsichtig propagandistischen Gründen auf den Schild hoben. In dem Dilemma, zwischen dem erhofften Zug ins hohe Allgemeine und den oft wirklich verdrießlichen Ausgeburten des Volksgeistes, entschieden sich die patriotischen Volksverweser lieber für eine Liederart, deren künstliche Abkunft zwar nicht zu leugnen, deren Anklang im Parterre aber auch nicht von der Hand zu weisen war.

Tatsächlich müssen die aus einer einseitigen Zuneigung entstandenen Gewissensskrupel beachtliche und nur durch dialektisches Hakenschlagen aus der Welt zu schaffende gewesen sein. Zwischen dem hehren Ziel der moralischen Volksaufrüstung und der praktisch nicht zu leugnenden Unansehnlichkeit, ja Anstößigkeit des Neigungspartners hin- und hergerissen, sahen sich unsere Volksfreunde unentwegt genötigt, Entschuldigungen zu produzieren, sei es, die graue Braut ein wenig weißer erscheinen zu lassen, sei es, die eigne Wahl vor aller Augen zu rechtfertigen. Fertig, das müssen wir allerdings sagen, wurden sie mit dem Problem in jedem Fall, und mit welchen Tricks, das beweise uns exemplarisch H. R. Ferber, «Das Volkslied in Hamburg während der Franzosenzeit», Hamburg und Leipzig, 1886:

«Auch diese zur Drehorgel und im Volke selbst gesungenen Lieder gewähren uns einen Einblick in das Kulturleben des Volkes. Von den vier oder fünf neuen Liedern ist wirklich neu, d. h. zum erstenmal gedruckt, gewöhnlich nur eins, ebenso gewöhnlich aber sind (in der Zeit, die uns hier beschäftigt) mehrere unter ihnen, die einer Zustutzung in usum delphini dringend bedürftig wären. Ja, eine ganze Anzahl derselben ist derartigen Inhalts, daß man kaum begreift, wie solche Ware in immerhin massenhafter Verbreitung dem Volke dargeboten werden konnte. Zieht man auch in Erwägung, daß der Krieg regelmäßig einen Verderb der Sitten in höherem oder niedrigerem Grade im Gefolge zu haben pflegt und daß ein nicht unerheblich kleiner Teil für die damals noch recht rohe Soldateska bestimmt und teilweise aus deren Reihen hervorgegangen ist, so kann man sich trotzdem kaum des Eindrucks erwehren, als ob das die Zensur ausübende Napoleonische Regiment die Absicht gehabt habe, durch die Zulassung der Drucklegung solcher Schandwerke eine Entsittlichung des Volkes herbeizuführen und dadurch dessen Widerstandsfähigkeit gegen die Fremdherrschaft zu vernichten. Sehr berechtigt und unerläßlich notwendig war dagegen die Einführung einer die Sitte wahrenden Zensur in den dreißiger Jahren dieses Jahrhunderts.»

Einige zehn Jahre später war die Volkstumsforschung dann aus der Verlegenheit heraus, nach dem freien Volk und seinem Zensor in einem Atemzug verlangen zu müssen. Gewieftere Geister, gründlichere Naturen, schneidigere Theoretiker hatten sozusagen den Dreh nach vorn entdeckt, die Perspektive in die Zukunft, und als im Jahre 1895 Franz Magnus Böhmes Sammelbuch «Volksthümliche Lieder der Deutschen im 18. und 19. Jahrhundert» erschien, konnte die volksthümelnde Bildungswelt, aufatmend, mit dem Herausgeber feststellen: «Die volksthümlichen Lieder sind die natürliche Fortsetzung und der vornehme Nachwuchs des Volksliedes. Sie sind schon jetzt vielfach an die Stelle des sich immer mehr zurückziehenden Volksliedes getreten und werden das Volkslied der Zukunft bilden. Letztere Behauptung ist nicht zu hoch gegriffen. Denn wenn man täglich beobachten kann, wie das singende Volk die von Künstlern geschaffenen Lieder aufnimmt und nach seiner Gefühls-, Denk- und Sprachweise ändert und vereinfacht, so darf man annehmen, daß solches auch weiterfort geschieht.»

Was weiterfort wirklich geschah, muß für uns leider im Dunkel bleiben. In jenem Dunkel, in das der Volksgeist sich mehr und mehr vertiefte und in das die Forschung ihm zu folgen nicht bereit war. Diese begriff ihre Funktion, wachsend, als optimistischer Aufheller, überlegener Richtungsweiser, Positiv-Entwickler. Erneuerungs- oder Wiedergeburtsphantasien derart wie Böhme sie vorgeprägt hatte, durchgeisterten nicht nur den Rest des ausgehenden neunzehnten, sie griffen über auch auf das zwanzigste Jahrhundert, verwoben sich fortlaufend mit den Führungsansprüchen der Fachschaft und gipfelten in der klar erkennbaren Absicht einer Verfassungsänderung. Volkslied war nicht mehr, sondern hatte zu sein. Ganz allgemein wird bei Sammler- und Wissenschaft ein Zug zum Dirigismus sichtbar, ein Hang zur Befehlsausgabe, eine Neigung zu Notverordnungen. Als dann gar ein neuer Krieg nach neuen Propagandisten von Einheit und Gemeinsamkeit verlangt, stehen die Volkstumsbevollmächtigten sozusagen schon längst Gewehr bei Fuß, bereit, endgültig die Rolle auch von Volkserziehern zu übernehmen. In seiner Schrift: «Das deutsche Volkslied» bestimmt ein renommierter Mann der Innung, Otto Böckel, den Weg, den insbesondere das politisch interessierte Volkslied zu nehmen habe: «Das neuzeitliche Soldatenlied... zeichnet sich durch Vaterlandsliebe und ideale Weltanschauung aus. Im Gegensatz zu den Werbetruppen einer früheren Zeit kämpft der Soldat jetzt für sein Vaterland, deshalb durchdringt vaterländische Begeisterung seine Lieder. Verklungen sind die Soldatenklagen früherer Tage, der Rock der Soldaten ist ein Ehrenkleid geworden, das ganze Volk blickt zu seinem Heere mit Bewunderung empor... Das Volksheer unserer Tage wäre der beste Träger des alten unverfälschten deutschen Volksliedes, wenn man zielbewußt die Einführung dieser schönen Lieder, die ja so viel von allem Edlen und Unvergänglichen singen und deshalb so recht für das Soldatenherz passen, in die Hand nehmen wollte. Wird erst das Volkslied wieder von unserem Heere gesungen, dann tragen es die Reservisten wieder hinaus in alle Gaue, und es wird neu erblühen nach dem Worte:

> Deutsch das Lied und deutsch der Sang
> Von dem Throne bis zur Hütte!»

Die Vorschriften, scheint es, ließen nichts zu wünschen übrig, wie aber sah es mit der Praxis aus? In der Praxis sah es so aus, daß die Reservisten gar nicht daran dachten, Verse besagter Rang- und Größenordnung mit nach Haus zu nehmen, und das zu seiner letztthinnigen Vollendung aufgerufene Volkslied ließ sich mitnichten von Herrn Böckel auf den Exerzierplatz abkommandieren. Es schickte sich nicht einmal an, aus- oder abzusterben. Schlimmer, es entfaltete Aktivität und Leben in einer Richtung, die seine Drillmeister nicht vorgesehen hatten; es blühte fort auf eine Weise, die allen platonischen Wachstumsregeln widersprach, und es sang vom Ehrenkleid und von der Tugendsphäre so, wie es davon gesungen hatte zu Schwedenzeiten und während der Napoleonsära, nämlich despektierlich.

1   Wir traben als Gefreite
    Lametta hängt im Spind
    Viel Tausend uns zur Seite
    Die nichts geworden sind
    Und sollt es einmal heißen
    «Herr Unteroffizier!»
    Wir werden euch was scheißen
    Gefreite bleiben wir

2   Sie hat noch nicht mal Haare dran
    Und sollte sich was schämen
    Von einem braven Landwehrmann
    Zehn Mark dafür zu nehmen

3   Ich hatt einen Käs voll Maden
    Einen weichern findst du nit
    Den Käs wollt ich verkaufen
    Da fing er an zu laufen
    Im gleichen Schritt und Tritt

4a Heil dir im Siegerkranz
    Pellkartoffeln mit Heringsschwanz
    Heil Kaiser dir
    Friß in des Thrones Glanz
    Die fette Weihnachtsgans
    Uns bleibt der Heringsschwanz
    In Packpapier

4b Heil dir im Siegerkranz
    Mutter mir hängt der Schwanz
    Drei Meter raus
    Hol schnell die Schere raus
    Schneid mir die Eier aus
    Häng sie zum Fenster naus
    Zum Ausverkauf

4c Heil dir im Ziegenstall
    Ziegen gibt's überall
    Auch in Berlin
    Eine verkaufen wir
    Eine versaufen wir
    Eine behalten wir
    Im Ziegenstall

Manches, gewiß, hört sich aus einiger zeitlicher Entfernung nicht mehr ganz so widerspenstig an, wie es einmal geklungen haben mag. Wenn die Hymnen verhallt sind der verstummten Autoritäten und auch die Traditionsverbände der Ehemaligen in Frieden hingeschieden, rücken Spott und Persiflage wie von selbst in eine andere Dimension. Täuschen wir uns aber bitte nicht über die schier unzersetzlichen Zusammenhänge zwischen dem laufenden Restauratorium und seiner Vorgängerschaft. Was der Wilhelmswelt, der Adolfsära nicht, leider nicht ins wohlverdiente Grab gefolgt ist, das heißt der Geist, der stets bejaht, fordert nach wie vor seine Reverenz, und wer erfahren möchte, wie es um die Verfassung unseres gesellschaftlichen Überbaus bestellt ist, der singe ein Stückchen wie das vom «Käs voll Maden» nur einmal auf einem der allfälligen Wiedererweckungstreffen. Der Krach, den allein eine harmlose Schlagerversion des betreffenden Hoheitsartikels zu evozieren fähig war, spricht jedenfalls nicht nur für sich, sondern gegen eine Gesellschaft, die sich unter der Last nichtigen Traditionsgepäcks gar nicht recht nach vorn entwickeln kann.

Vielleicht ist es auch ganz nützlich, den Fall noch einmal unter folgendem Gesichtswinkel zu betrachten. Während Friedrich Silcher – und das war im Jahre 1822! – sich immerhin noch gestatten konnte, eine geistliche Volksweise des sechzehnten Jahrhunderts einem weltlichen und aktuellen Zwecke anzupassen (ein musikalisches Umsetzungsverfahren, das rechtens auf den schönen Namen ‹Parodie› hört), scheinen der weiteren Umsetzung heute die engsten Grenzen gesetzt. Tatsächlich bedurfte es nicht mehr als des Protestes eines aufgebrachten Verteidigungsministeriums, eine Schlagerfassung des «guten Kameraden» außer Kurs zu setzen. Nicht auszudenken, was, sagen wir einmal eine Plattenfassung des volkläufigen Textes an amtlichen Schritten und rechtskräftigen Verwahrungen ins Leben, das heißt aus dem Grabe herausrufen würde.

Nun, solche Plattenprägung hat sicher keiner von uns im Sinn, und wir wollen uns über mutmaßliche Folgen darum nicht weiter den Kopf zerbrechen. Was uns aber schon noch ein Weilchen beschäftigen darf, ist der selten reflektierte, stets verschleierte Widerspruch zwischen den oberen Formierungsebenen der Gesellschaft und einer selbständigen Kulturflora unterhalb der amtlich festgesetzten Tauchtiefen. Diese Frage stellt sich uns hier zwar nicht zum erstenmal, sie tritt uns aber im Zusammenhang mit dem politischen Lied neu angespitzt entgegen, läßt uns den Gruppengesang zum frischen Rätsel werden, gibt uns die gemeinschaftliche Willenkundgebung, jenseits sogenannter öffentlicher Meinung, zum Problem auf und verleiht den bislang eher unter Provinzialaspekten gewürdigten Protestphänomenen das Ansehen einer ganz anderen Verbindlichkeit. Ob trotziger Kinderreim, ob versifizierter Schülergram, ob kecker Antischlager: der Provokationsradius erscheint vergleichsweise begrenzt, die jeweils aufbegehrende Gruppe wenig allgemeinverbindlich. Erst der Eintritt in das Medium der Politik verleiht dem Unmut überpartikulären Charakter und sichert der belächelten Erscheinung den Zuspruch oder Einspruch seriöser Leidenschaft.

Gestatten Sie mir aber, bevor wir uns über Texte ereifern, für die von uns keiner verantwortlich zu machen ist, noch einen kurzen Ausflug in die Welt des objektiven Geistes, der Wissenschaft. In ihrem Buch «Das Zersingen – ein Beitrag zur Psychologie des deutschen Volksliedes», Berlin, 1928, schreibt Renata Dessauer: «Die Veränderungen der Gesellschaft, die sich bald rascher, bald langsamer vollziehen und die einerseits in einer immer feiner werdenden Schichtung der Teile, andererseits in einer immer stärkeren Spezialisierung der Interessen und der Kräfte bestehen, müssen die Geschlossenheit des Volksganzen allmählich sprengen. Das bedeutet für das Volkslied ein Zurückdrängen aus dem Zentrum des allgemeinen Geschehens, eine Begrenzung seines Lebensraumes. Denn eine seiner wesentlichsten Lebensbedingungen ist eine innere Einheit und ein Lebensgefühl Vieler, für die dabei besondere Interessen und Tendenzen ausgeschaltet bleiben. Sind die sogenannten unteren Schichten, die der Individualisierung und Differenzierung am fernsten stehenden Teile des Volksganzen, heute naturgemäß die hauptsächlichsten Bewahrer eines lebendigen Volksliedes, so vermag allerdings doch eine im Vordergrund des Interesses stehende, besonders in bewegten Zeiten auftretende gemeinsame starke Idee, wie etwa die nationale Idee, über alle Isoliertheit der Einzelnen hinüber weite Kreise der übrigen Volksteile jederzeit zu einem innigen Gemeinschaftsgefühl zusammenzuschließen. Und dann wird die Lebenskraft des Volksliedes sich ungemein steigern, und sein Lebensraum sich über ein weit größeres Feld ausdehnen.»

An solchen Beobachtungen – sehen wir einmal von dem aufdringlichen Leitvokabular ab, das uns zu Recht ein wenig animos reagieren läßt – ist sicher nicht alles falsch. Falsch ist allein, und hier nimmt die forschende Privatperson fast unfreiwilligen Anteil an der habituellen Fehleinstellung eines ganzen Wissenschaftszweiges, der scheinbar frei gewählte, dennoch allzu offizielle Aussichtsturm. Von so hoher und allgemeiner Warte aus lassen sich notwendig nur nichtssagende Allgemeinplätze ausmachen. Wer allzu eilig sich ins Wesentliche erhebt, der verliert bei dem schönen Überblick aufs Große und Ganze die Einsicht in die Interna, und seltsam kontrastiert die erhabene Beobachterposition mit den dann doch nur oberflächlichen Befunden. Daß ein Liedlein wie «Bei Sedan auf der Höhen / da stand nach blutger Schlacht / In der letzten Abendstunde / Ein Musketier auf Wacht» gelegentlich zu «ein Sachse auf der Wacht», «ein Preuße auf der Wacht» alternieren kann, stellt sich hier gewissermaßen als Quintessenz jahrelanger Forscherarbeit dar. Daß im Liede vom «guten Kameraden» die Zeile «Will mir die Hand noch reichen» gemeinhin als «will mir die Hand noch geben» gesungen wird, erscheint als denkwürdige Leistung des rastlos raspelnden Volksmundes. Wieso, um alles in der Welt, solch karges Wirken dann allerdings noch wissenschaftlich interessant sein kann, bleibt mir in höchstem Maße schleierhaft; es sei denn, daß man selbst im Krümelnehmen noch das Walten einer berufsnotorischen Bewußtseinstäuschung zu sehen hat, denn wer sein Augenmerk mit solcher Ausschließlichkeit auf das «Zersingen» richtet, dem bleibt auf jeden Fall erspart, was man nicht anders als «Zersetzen» nennen kann.

Daß der Volksmund, wo er zu eigenem Gesange ansetzt, nicht das Lied der guten Herrschaft intoniert, wird bereits aus den wenigen Zeugnissen politischer Volkspoesie ersichtlich, die uns überliefert sind. Er zeigt vielmehr eine auffällige Neigung zur Respektsverweigerung, die dann durchaus auch dem landesfremden Despoten gelten kann, dem unerbeten ins Haus geschneiten Landverweser, dem düsteren Tilly, dem hochfahrenden Napoleon, dem grimmigen Davoust, dem ungenehmen Bismarck. Dagegen sind Lobpreisungen der heimischen Herrschergeschlechter schon weit seltener, und in den für uns einsichtigeren, weil näheren und durch Beispiele vertrauten Zeitabschnitten suchen wir nach Ergebenheitsadressen vollends vergeblich.

Ich glaube, es ist nicht ganz vermessen, es so zu sehen: Die besonders im politischen Volkslied stets präsente Lust an Denkmalsschändung und Autoritätsbeleidigung scheint mit der Ausbildung eines obrigkeitlichen Nationalstaates immer mehr an Richtung und eindeutiger Tendenz gewonnen zu haben, allerdings nicht im Sinne der Erfinder. Während früher ein und derselbe Vers, mit unterschiedlichsten Spitzen versehen, mal in diesem, mal in jenem Sinne verwendet wurde, während die gleiche Grundstrophe in soundso viel Kleinstaaten unterschiedlicher Fasson unter soundso viel ungleichen Vorzeichen Verbreitung finden konnte, strafft sich im Zeichen nationaler Einigung die Front, orientiert Spott sich einheitlich an den Säulen des Gemeinwesens und dessen ganzem ideologischen Gebälk. Mit Wilhelm Zwo kann die Formierung einer Unmutsfronde auf unterster Sangesebene dann als perfekt angesehen werden. Das Volkslied – nicht zu verwechseln mit den Produkten volkstümelnder Ergebenheitsschreiber – schickt keine patriotischen Postkarten aus dem Feld, singt keine Kaiserhymnen, nimmt nicht an den offiziellen Flaggenparaden teil, marschiert nicht im Stechschritt, sondern: dient der Verbreitung, Aufnahme und Äußerung von Autoritätskritik. Als der Weltkrieg zu Ende geht und der Kaiser nach Doorn, ruft ihn kein Vers zurück, ruft mancher ihm ein böses Schmähwort nach, singt Subpoesie das Lied der Schadenfreude.

5a O Tannenbaum o Tannenbaum
    Der Kaiser hat in' Sack gehaun
    Er kauft sich einen Henkelmann
    Und fängt bei Krupp in Essen an

5b O Tannenbaum o Tannenbaum
    Der Kaiser hat in' Sack gehaun
    Er selber muß jetzt hamstern gehn
    Und seine Frau Granaten drehn

Das politisierende Volkslied ist so kurzlebig und unbeständig wie die Umstände, denen es zugedacht ist. Bei wechselndem Regiment und instabiler Obrigkeit (die nichtsdestoweniger immer wieder auf Ewigkeit spekuliert), wechselt es häufig den Tonfall von einem Tag auf den andern, stellt es sein Fähnchen gegen den jeweils herrschenden Wind. Das scheint ein Manko freilich nur unseren vaterländisch gesonnenen Vorratswirtschaftlern, jeder für sich ein kleiner Landeskonservator, der in Dimensionen von Hauspostillen und unverweslichen Liederhorten denkt. Wir, die wir uns mit der so flüchtigen und flüssigen Natur des Volksgeistes inzwischen abgefunden haben, halten für richtiger, gewissen Bewegungsgesetzen nachzufragen, denn die Verwandlungslust unseres Klienten kommt nicht von ungefähr, und hinter seinem quecksilbernen Wesen erkennen wir ein unausrottbares Mißtrauen gegenüber allem, was absolut regieren und feste Einrichtung werden will.

Als feste Einrichtung oder doch zumindest tönendes Symbol der sich verankernden Ordnungsmächte gelten dem Volkslied schon seit langem die groß- und vorgeschriebenen Marsch-, Weihe-, Lob-, Preis-, Sieg-, Triumph- und Verkläre-Lieder. Mit ihnen hat sich freie Sangeslaune schon immer gern ins Unbenehmen gesetzt. Das belfernde Kommando «Vorne ein Lied!», das feierlich getragene «Wir singen unsere Lieder» konnten zwar nicht überhört werden, wohl aber hintergangen, und wo man öffentlich seine Stimme schon nicht verweigern konnte, trieb man doch heimlich seine schlimmen Scherze mit den Devotionalien. Kaum eine der gängigen Hymnen, der nicht eine frivole und ehrverletzende Replik zuteil wurde; kaum ein musikalisches Nationalheiligtum, das ohne persiflierende Textbeilage blieb; kein Donnersang, kein sterbensseliges Auszugslied, dem nicht die passend unpassende Parodie nachscholl; oder, so erging es zum Beispiel wiederholt dem «Deutschlandlied», man begnügte sich einfach damit, dem hohen Wortlaut eine unterhaltsam-kesse Weise zu unterlegen.

Anders als bei der in unseren Schulen beheimateten Dichterparodie mischt sich in den politisch orientierten Gegengesängen freilich die gezielte, auf Zeit berechnete Protestaktion ins allgemeinere Destruktionsvergnügen. Der Angriff auf die hohle Feierlichkeit des Spottobjektes ist immer nur die eine Seite einer radikalen Echtheitsprobe, die andere zielt auf die Zeit, die andere stellt das «unvergängliche Erbe» kraß vor den Hintergrund der herrschenden Misere und versucht, die umstandsbedingten Differenzen zwischen Wahrheit und Wertobjekt zu ermitteln.

Deutschlandlied, nach dem Ersten Weltkrieg:

6a Deutschland Deutschland über alles
    Über alles in der Welt

Überall ist großer Dalles
Nur in Deutschland ist kein Geld

Im Zweiten Weltkrieg:

6b Deutschland Deutschland über alles
Über alles in der Welt
Und wenn's oben ist dann knallt es
Daß der Scherben runterfällt

Nach dem Zweiten Weltkrieg:

6c Deutschland Deutschland ohne alles
Ohne Butter ohne Speck
Und das bißchen Marmelade
Frißt uns die Besatzung weg

In allen Fassungen verrät sich etwas von der Rache des kleinen Mannes an hypertrophen Heilsentwürfen. Hymnen und vaterländische Lieder, gedacht, den von Natur her diffusen Volksgeist einheitlich zu formieren, werden von eben diesem Volksgeist eindeutig deformiert, und zwar nach Maßgabe einer gemeinschaftlich erlittenen Enttäuschung. Anders gesagt wird dem Bemühen um ideologische Ausrichtung mit dem Versuch einer Richtigstellung begegnet. Die bösartige Demontage des angeblich Formtreuen, die weniger planmäßige als improvisierte Aushöhlung ideologischer Dauerwaren, die Infiltration scheinbarer Jahrtausendmärsche mit allerlei zeitbedingten Skrupeln, Bedenken, Einwänden, Anspielungen und Zynismen läßt in der Entstellung allenthalben auch die Absicht der Richtigstellung sichtbar werden.

7 Ham Se schon ein Hitlerbild
Das die ganze Wand ausfüllt
Nein nein wir ham noch keins
Stalin besorgt uns eins

8 Heil Hitler Onkel Willy hast du ein Bild
Hast du ein Bild hast du ein Hitlerbild
Mein Vater ist in der Partei
Und meine Mutter ist in der Partei
Mein Opa ist in der Partei
Und meine Oma ist in der Partei
Heil Hitler Onkel Willy hast du ein Bild
Hast du ein Bild hast du ein Hitlerbild

9   Baldur Baldur schmettern die hellen Fanfaren
    Baldur Baldur Baldur kennt keine Gefahren
    Mögen wir auch untergehn
    Baldur du wirst leuchtend stehn
    Unser Baldur ist ein dicker Mann
    Unser Baldur leuchtet uns voran
    Unser Baldur der kennt gewiß keine Not
    Ja der Baldur ist mehr als der Tod

Das politische Volkslied der Nazizeit, und ich stehe nicht an zu sagen, das echte Volkslied, zielte gewiß nicht auf das Bleibende, es hielt sich vielmehr beweglich und versuchte gar nicht erst, einen festen Formenstamm auszubilden. Sein ganzes flüchtiges und luftiges Wesen stand unter dem Gesetz der Vorläufigkeit. Es wollte unbequeme Wahrheiten austragen helfen, es wollte die Lust am Widerstand verbreiten, also gebot ihm die Taktik, den Weg des geringsten Widerstandes einzuschlagen, das heißt, mit allen ihm nutzbar erscheinenden Vehikeln durchs Land sich zu bewegen. Während unmutiger und vielleicht sogar mutiger Gewissensadel die Opposition im kleinsten Kreise pflegte, in der «inneren Emigration» aber zusehends verinnerlichte und ein gipsernes Widerstandsbild der breiteren Wirksamkeit vorzog, war der literarische Untergrund – obwohl man schwer zu sagen weiß, woher ein eigenes Bedenken hier überhaupt rührt – einzig auf Wirkung, Austrag, Anklang, Allgemeinverständlichkeit, Fortpflanzungsfähigkeit und Rezeptabilität der widerständigen Impulse bedacht. Rechnen wir es denn zu seinen Meriten, daß es schlau genug war, hier in ein Kinderlied zu schlüpfen, dort dem Frauwirtinvers eine neue Wendung zu geben, hier einem alten Volksstück noch einmal provokante Funken zu entlocken, dort einer rasanten Schnulze die Diversantennote aufzuprägen.

10 Frau Wirtin hatt' auch einen Traum
    Der war so schön man glaubt es kaum
    Der war wie ein Tedeum
    Sie sah den Führer ausgestopft
    im Britischen Museum

11 Der Hitler das ist ein Verbrecher
    Sein Herz ist ein braunes Loch
    Der Göring ist auch nicht viel besser
    Aber weg aber weg muß er doch

12 Es geht alles vorüber
    Es geht alles vorbei
    Auch Adolf Hitler
    Mit seiner Partei

13 Raeder mußte rollen für den Sieg
    Köpfe müssen rollen nach dem Krieg

Es ist schon einigermaßen frappierend und wundersam. Selten dürfte dem Volkslied, dürften dem Volkstanz, dem Volksgut, Volksgeist, der Volkesstimme soviel freundliche Aufwartung widerfahren sein wie gerade zur Nazizeit. Was das Jahrhundert vorher dem Volke oder dem Begriff von ihm an idealischem Interesse entgegengebracht hatte, was enthusiasmierte Dichterforscher, dichtende Forscherträume, romantisch gestimmte Wissenschafter, patriotisch romantisierende Volkserzieher als hegenswert und pflegebedürftig anzuzeigen nicht müde geworden waren, das wurde jetzt praktisch gefördert in einem Maße, das schon unglaubwürdig war, und von der Maas bis an die Memel und zwischen Etsch und Belt entwickelten sich Brauchtum und Sitte beispiellos. Nur bis zu einer entscheidenden Schicht des noch und noch hofierten Volkes drangen seine Bewußtseinsertüchtiger ganz offensichtlich nicht. Sie drangen nicht bis zu jenem Epizentrum des Volkskörpers, wo die Lieder ganz nah bei der schlimmen Unruh hausen, und wo die Lust zu singen untrennbar mit dem Wunsch, sich frei zu singen, zusammenhängt.

Das Entmündigte singt nicht mehr von sich aus, es ist stumm. Dieser Sachverhalt ist auch durch öffentliche Gesangsveranstaltungen nicht zu widerlegen und nicht durch staatlich animierte Volksliedbewegungen. Was so gefördert, angeheizt und aufgeblasen werden kann, ist immer nur das ohnehin Vorhandene. Was sich auf öffentlichen Bühnen groß in Gang bringen läßt, ist allenfalls die geölte Repetition. Das Volkslied als eine freie Schöpfung des anonymen Untergrundes, das Volkslied als vergleichsweise spontaner Ausdruck eines kollektiven Lebensgefühls, das Volkslied als unbestellte Meinungskundgabe, Volksentscheid, Vertrauensvotum oder Mißtrauensbeweis fand außerhalb der kontrollierten Öffentlichkeit statt: es unterlief die Kontrollen und versagte sich den Aufsichtsorganen auf seine Weise.

14 Lieber Gott mach mich stumm
    Daß ich nicht nach Dachau kumm

    Lieber Gott mach mich taub
    Daß ich nicht am Radio schraub

    Lieber Gott mach mich blind
    Daß ich alles herrlich find

    Bin ich taub und stumm und blind
    Bin ich Adolfs liebstes Kind

15 Zehn kleine Meckerlein
    Die tranken einmal Wein
    Der eine machte Goebbels nach
    Da waren's nur noch neun

    Neun kleine Meckerlein
    Die haben was gedacht
    Dem einen hat man's angemerkt
    Da waren's nur noch acht

    Acht kleine Meckerlein
    Die haben was geschrieben
    Und bei dem einen fand man's dann
    Da waren's nur noch sieben

    Sieben kleine Meckerlein
    Die fragte man: na schmeckt's
    Der eine sagte Schweinefraß
    Da waren's nur noch sechs

    Sechs kleine Meckerlein
    Die trafen einen Pimpf
    Der eine sagte Lausebalg
    Da waren's nur noch fünf

    Fünf kleine Meckerlein
    Die spielten mal Klavier
    Der eine spielte Mendelssohn
    Da waren's nur noch vier

    Vier kleine Meckerlein
    Die sprachen mal von Ley
    Der eine sagte Immerblau
    Da waren's nur noch drei

    Drei kleine Meckerlein
    Die hörten Radio
    Der eine stellte England ein
    Da waren's nur noch zwo

    Zwei kleine Meckerlein
    Die traten mal in Dreck
    Der eine sagte Nazibraun
    Da war er auch schon weg

> Der letzte der ließ dies Gedicht
> Am falschen Orte sehn
> Da bracht man ihn nach Dachau hin
> Da waren's wieder zehn

Ich will nicht mit der Meinung hinter dem Berg halten, daß mir die Stimmabgabe der Volkspoesie – die war zu Nazizeiten einhellig – nicht ungut gefällt. Ihr Nerv für falsche Autorität und schlechtes Regiment ist im besten Sinne gesund zu nennen. Ihre Antworten auf ein perverses «dulce et decorum» scheinen unvergleichsweise normal. Ihr stetiges Bemühn, den vorgeschriebenen Personenkult zu diffamieren, deucht mich eine hygienische Glanzleistung. Ihr Bedürfnis nach Entmythologisierung – ihr vielleicht ältester und doch im Zeichen vom «Mythos des 20. Jahrhunderts» frisch geschärfter Wesenszug – zeigt ungebrochenes Wahrheitsverlangen. Rückschweifend und das Elend der Tausend Jahre überschlagend, findet der suchende Blick kaum eine Instanz, Gruppierung, öffentlichen oder halböffentlichen Resonanzkörper, der so klar und deutlich wie die Poesie des Untergrundes darzutun vermöchte, «daß da auch Aufrührer gelebt haben, wo Unterdrückung war».

Zwar, und hier gilt es, Brecht zu modifizieren, ließ sich Empörung nicht immer gut als offener Aufstand an; wer den Kopf zu hoch hinaus gesteckt hätte im Vaterland der totalen Bespitzelung, der hätte ihn sicher nicht mehr lange oben behalten; es ist aber nicht zu übersehen, daß die innigste Legierung von Literatur und Widerstand im Untergrund statthatte, nicht in der feinen Oberschicht, die hatte sich arrangiert und genoß hoch auf den Marmorklippen oder tief im Sonett sogar noch so etwas wie den Luxus der Unzeitgemäßheit.

In einer noch zu schreibenden Sozialgeschichte der jüngeren deutschen Literatur dürfte, so meine ich, eine Erörterung der ambulanten Gattungen in keinem Falle fehlen. Sie mögen bestimmten formalen Ansprüchen, die wir an Literatur zu stellen gewohnt sind, nur wenig genügen; sie mögen einem gewissen Sittenkodex nicht entsprechen, zu dem die Schund- und Schmutzwächter die illegitime Schöpfung in Abwesenheit ihrer Erzeuger verdonnert haben; sie mögen sich bereits von ihrer instabilen Natur her der stationären Behandlung widersetzen – von der Hand in den Mund lebend, oft sich von Abfällen nährend, stellen sie nie mehr als Interimslösungen dar, die sich selbst außer Kurs setzen, wo sie nicht mehr gebraucht werden – ihr einfacher Nährwert in Zeiten der moralischen Hungerödeme reicht indes hin, sie als Untersuchungsgegenstand und Demonstrationsobjekt wertvoll zu machen.

Zu bedenken wäre, ob sich von dieser niederen widerstandsfähigen Flora aus, von den Flechten, den Lichenen her, wenn das Bild behagt, nicht einmal neu über das Verhältnis von Literatur und Öffentlichkeit debattieren ließe. Recht gut in der Erinnerung sind uns allen noch Zustände, wo der ganze differenzierte Apparat aus Kunst, Kritik, Film, Presse, Rundfunk, Pädagogik und Gesetzgebung, Forschung und Wissenschaft auf einen Schlag gleichgeschaltet werden konnte (auf einen Schlag, gemessen an der relativ geringen Lebensdauer des braunen Jahrzwölfts). Keineswegs dem Gedächtnis entrückt ist ferner, daß der Abweichungsversuch der dichtenden Nobilität ohnmächtig zu Hausmusik gerann; ein Vorgang, der im übrigen ohne äußersten Druck und bei gelinderer Einflußnahme der Herrschaft genausogut möglich, wie uns ein neuerlicher Zug zur Innerlichkeit bezeugt, der nur als solcher nicht immer wahrgenommen wird, weil er sich a) abstrakt anläßt, b) öffentlicher Förderung und Unterstützung gewiß sein darf. Mithin: der schwelende Streit zwischen den öffentlichen Obliegenheiten der Kunst und einer teils dezidierten, teils verdeckten Inside-Ästhetik scheint längst noch nicht ausgestanden und eine Erscheinung wie die politische Subliteratur gewiß nicht die übelste Berufungsinstanz.

Etwas anderes ist, daß der politische Untergrundvers der Nazizeit nicht unabhängig zu denken war von einem breiten Unterstrom des Mißbehagens. Er entsprach einem weitgestreuten Bedürfnis nach Gesinnungskontakten außerhalb des Uniformbetriebs. Er war ein handliches, gleichzeitig schwer zu kontrollierendes praktisch nicht auszuschaltendes Verständigungsmittel unter potentiellen Glaubensbrüdern, und er verhalf einer Zusammengehörigkeit zum Ausdruck, die das Gegenteil war von völkischer Vollversammlung und kopfnickender Gefolgschaftstreue.

Es ist kein geringer Vorzug primitiver Literaturformen, daß sie überdauern und sich verbreiten können, wo widrige Umstände das Überleben komplizierterer Arten nicht mehr gut möglich machen. Ich meine, das muß man natürlich auch sehen, wo man sich aus dem Versagen der höheren Künste einerseits und dann dem zähen Widerstreben dieser niederen vielleicht zu billig eine polemische Ausgangsstellung schafft. Es stellt sich aber doch bald der erweiterte Einwand ein, daß Literatur sich in kritischen Zeiten tunlichst der Abhängigkeit von angenehmen Kultursegnungen entschlagen solle und daß es unter Umständen überhaupt nicht mehr darum geht, individualästhetischen Ehrgeiz zu entfalten oder Niveau zu wahren. Der Hinweis auf das Beispiel der Subliteratur ist, wo ungerecht, so doch in jedem Falle schlagend. Durch künstlerische Qualitätsrücksichten in keiner Weise eingeengt, konnte sie ihr Interesse ganz auf den günstigsten Verteiler-Modus verwenden. Mit höheren und höchsten Sprachschwierigkeiten herzlich unvertraut, dafür aber listig bedacht, ein Maximum an Schmuggelware unter möglichst viele Leute zu bringen, griff sie den latenten Unmut innerhalb der Organisationen auf, tastete sie nach Sprüngen, Kanten und Ritzen im Gemeinschaftsgefüge und trachtete danach, den Einheitszement von innen her zu zersetzen. Gerade die Subversiv- und Partisanenstrophen, die aus den Organisationen hervorgegangen sind, wollen auch wieder hineinwirken und spekulieren auf die Möglichkeit einer sowohl öffentlichen wie gemeinschaftlichen Nutzung. Das tut natürlich ihrer Entschiedenheit einen gewissen Abbruch. Als ein Produkt langjähriger und kollektiver Erfahrung vertreten sie einen leicht verschliffenen, keineswegs aber konturlosen Mittelwert zwischen Anpassung und Widerstand. Selten zeigen sie den Bogen so weit gespannt, daß nur die radikale Abweichergruppe von ihr erreicht wird. Statt offen zur Meuterei aufzurufen und Befehlsverweigerung ans Herz zu legen, machen sie sich zu Trägern und Weiterträgern einer Grundstimmung aus Arbeits-, Marsch-, Parier- und Kriegsmüdigkeit und scheinen immer auf das Wirkungsoptimum des gerade noch eben öffentlich Singbaren austariert.

16 O du schöner Arbeitsdienst
    Fünfundzwanzig Pfennig sind der Reinverdienst
    Ein jeder muß zum Arbeitsienst
    Und dann zum Militär
    O je je –

17 Kennste den Reichsarbeitsdienst
    Was de da für Geld verdienst
    Rock bis unters Knie
    Urlaub kriegste nie

18a Wir traben in die Weite
    Der Spaten steht im Spind
    Der Arbeitsdienst geht pleite
    Weil wir entlassen sind

18b Wir traben in die Kneipe
    Der Spaten steckt im Spind
    Mit Kumpels uns zur Seite
    Die ooch besoffen sind
    Fürs Vaterland zu saufen
    Hurrah Viktoria
    Nun laßt noch einen laufen
    Hurrah Viktoria

Solche Stimmen und Stimmungen bereits kritisch zu nennen, verbietet uns die Hochachtung vor dem, was an ganz anderer kritischer Substanz in die Verbannung oder in die Konzentrationslager geschickt wurde. Trotzdem sehen wir selbst in diesen schlicht für schlicht umgestrickten Arbeitsdienstliedern eine Form von Gemeinschaftsgeist repräsentiert, weit entfernt von den patriotischen Sammelparolen des nationalsozialistischen Ausbeuterstaates. Der Abbau von propagiertem Aufbau-Idealismus läßt zumindest die grobe Faustskizze eines gesellschaftskritischen Ansatzes erkennen. Erste Einsichten in die ausbeuterischen Praktiken des Systems, sein verlogenes Arbeitsethos sind nicht zu leugnen, auch wenn der etwas dümmliche Trivialmaterialismus von einer Grundlagenkritik so weit entfernt scheint wie der Ausdruck bierseliger Arbeitsscheu von dem Gedanken an Lohnkampf, Streik und Arbeitsniederlegung. Gleichwohl: In Anbetracht der gegebenen Umstände gingen solche Persiflagen genausoweit, wie sie noch Gruppengesang bleiben konnten. Unter Ausnutzung der einschlägig-weittragenden Melodien – so «Westerwald», so «Lambeth-Walk» – kündeten sie breithin von mangelndem Opfersinn und reduzierter Begeisterung, halfen sie eine Gesinnung vorbereiten, deren latenter Defätismus dann erst in den Liedern späterer Kriegs- und Leidensjahre voll zur Entfaltung kommen sollte.

19 Unrasiert und fern der Heimat
　　Fern der Heimat unrasiert

　　Und der Bart wird immer länger
　　Immer länger wird der Bart

　　Und die Schnauze immer voller
　　Immer voller bis zum Hals

25 Wir sind ein verwahrloster Haufen
　　Mit dem Muli-Geschwader vereint
　　Die Füße voll Blasen gelaufen
　　Marschieren wir gegen den Feind
　　Vorwärts Alpenjäger
　　Vorwärts im Kampf sind wir stets allein
　　Und die Obern die fahrn mit dem Auto hinterdrein
　　Vorwärts Alpenjäger

21 Über die Prärie
　　schleicht die nn-Kompanie

22 Wir sind des Führers letzter Haufen
　　Hoijotoho

　　　　Wir solln zu Fuß nach Moskau laufen
　　　　Hoijotohohohoho
　　　　Drauf und Dran
　　　　Spieß voran
　　　　Ja laßt ihn nur voran
　　　　Den Weihnachtsmann

23　　Soldaten sind Soldaten
　　　　Und keine Akrobaten
　　　　Sie kriegen keinen Urlaubsschein
　　　　Auf Urlaub fährt der Spieß allein

24　　Hörst du mein heimliches Fluchen
　　　　Kreiz Kruzifix Sakrament
　　　　Wird denn heute nacht
　　　　Überhaupt koa Rast net gmacht
　　　　Jo hat den der Tschach nie ein End?

25　　Laßt doch
　　　　Die Spaten im Osten verrosten
　　　　Wir fahren
　　　　Nach Hause auf eigene Kosten
　　　　Laßt doch
　　　　Die Spaten im Osten verdrecken
　　　　Wir fahren
　　　　Nach Hause und wenn wir verrecken

　　　　Laßt doch
　　　　Die Spaten im Osten versauen
　　　　Wir fahren
　　　　Nach Hause zu Kindern und Frauen

26　　Ich und du und noch so 'n Sack
　　　　Wir waren bei der Heimatflak

27　　Fünf Minuten scheißt der Hund
　　　　Der Fallschirmjäger eine Stund

28　　Die Schlacht ist vorbei
　　　　Und die Nacht sinkt herab
　　　　Und die Heimat die Heimat so weit
　　　　Da lieget der Bur
　　　　Mit zerschossener Uhr
　　　　Und keiner sagt ihm die Zeit

29 Massengrab ist wunderschön
    Einer kann den andern sehn
    Und dann freut man sich wie toll
    Ist das Grab erst richtig voll
    Reingeschmissen wird man dann
    Frau bei Frau und Mann bei Mann
    Einer liegt und einer steht
    Bis man in Fäulnis übergeht

Was lernen wir aus dieserart Stimmungsbildern und Gemütsäußerungen? Wir lernen, daß die Antwort auf totale Lenkung und ein perfektes Abhörsystem nicht in offener Aufwieglerei zu suchen ist, sondern in heimlicher Absprache und latenter Wehrkraftzersetzung. Auch das zeugt, unter anderem, von einer sehr genauen und im Grunde wenig romantischen Einschätzung der Lage. Die Gott sei Dank in allen Armeen der Welt vertretene Schwejkmentalität, eine Sinnesart gemischt aus renitentem Witz und taktischem Anpassungsvermögen, singt sich das offizielle Liedgut zurecht nach ihrem eignen krummen Zuschnitt, Lieder beim Marschieren zu singen und Lieder gegen das Weitermarschieren, Lieder, um nicht zu ersticken und Lieder, nicht ganz beim Wort zu nehmen.

«Hörst du mein heimliches Fluchen», so zum Beispiel begann in ironischer Abwandlung eines geläufigen Schlagertextes eine bei Gebirgsjägern beliebte Diversantenweise. In einer gewissen Unentschiedenheit zwischen Befehlsverweigerung und mattem Weiterkraxeln ist sie geradezu prototypisch für eine Gesinnung wie sie sich der Truppe wachsend von unten her bemächtigte, keinem durchaus schon rühmenswerten Widerstandselan, gewiß, aber einer Reaktionsform himmelweit geschieden von allem ehernen Kolberggeist und staatlich gesteuerter Durchhaltemoral. Die eher demoralisierende Kraft solcher und ähnlicher Unmutserzeugnisse zu ermessen, bedarf es eigentlich nur der Gegenüberstellung mit der partei- und heeresamtlichen Propagandalyrik. Zum Beispiel hier und auf der einen Seite die Heldengesänge eines todesseligen Irrationalismus «Es zittern die morschen Knochen», «Unsere Fahne flattert uns voran», «Wir tragen das Vaterland in unsern Herzen», auf der anderen das nicht tot zu kriegende und zu keinem Glaubensbekenntnis zu veranlassende Lästermaul «Es zittern im Arsch die Knochen», «Wir tragen Camelia zwischen den Beinen», «Unser Baldur ist ein dicker Mann». Auf der einen Seite die Aufbruchs- und Eroberungsweisen des braunen Imperialismus «Rot scheint die Sonne. Fertig gemacht!», «In den Ostwind hebt die Fahnen», auf der anderen «Klein ist das Häuflein, das wir gemacht», «Laßt doch die Spaten im Osten verrosten», «Noch ein paar Tage / Dann hat die Plage / Für uns am Kuban ein

End». Auf der einen «Ein alter Bur mit greisem Haar / Er schritt seinen Söhnen voran / Der Jüngste war erst vierzehn Jahr / Er scheute nicht den Tod fürs Vaterland», auf der anderen: «Da lieget der Bur / Mit zerschossener Uhr / Und keiner sagt ihm die Zeit».

Die Neigung zur Zote und zum fäkalischen Sinnbild, die ja in der Subpoesie des Volkes gang und gäbe ist und keineswegs an das Kommiß-Milieu gebunden, erfährt geichwohl neue Anlässe aus einer Situation, in der das An- bzw. Zusammengeschissenwerden zur Tagesordnung gehört. Der rüde Kasernenhofton der Schleifmeister und Drillgewaltigen wird aufgenommen, allerdings nicht so, und da zeigt gerade der Gesamtüberblick die unerwartetsten Perspektiven, daß meinetwegen die Fäkalinjurien probat an die Beleidiger zurückgereicht würden, sondern der Art, daß man das Bild der eigenen Gruppe konsequent mit den angereichten Farben malt. Das unentwegt gedemütigte Kollektiv charakterisiert sich selbst als einen Verein von Angeschmierten und Zusammengestauchten.

Dieser Vorgang, eine vertrackte Form der Kompensation, ist für uns nicht ganz ohne Parallelbeispiele. Wir kennen vergleichbare Erscheinungen ja bereits vom Kindervers, genauer von der Antwort des Kinderverses auf die erste Schulzeit, denn genau wie dort eine gemeinsam erlittene Unterdrückung zu Reimen eines kollektiven Katzenjammers führt (einer Tonlage nebenbei, die man im ganzen übrigen Gebiet der Kinderpoesie vergeblich sucht), so lenken auch die militärischen Zwangsgemeinschaften eindeutig auf einen Lied-Typus hin, der, wenig kämpferisch und halb so aggressiv wie erwartet, der trüben Stimmung von unfreiwillig Erfaßten Ausdruck gibt. Unausweichlicher Druck und die Allgegenwart der Aufpasser werfen ihren Schatten, und es spricht sicher nicht gegen die Glaubwürdigkeit der Defätistenstrophe, daß sie auch das Gefühl der Ohnmacht mit in das Bild des Mißmuts übernimmt.

Daraus mag, wer von hoffnungslos Angeketteten das Unmögliche, das Lied der Freiheit verlangt, vielleicht auf Affirmation und Fügsamkeit schließen. Man kann es aber auch anders und, wie ich meine, richtiger sehen. Das inferiore Selbstporträt, das die Gruppe von sich entwirft, die scheinbare Willfährigkeit, mit der sie die Herabsetzungen beim Wort nimmt und sich als Krüppelgarde, Sauhaufen und Massengrabfutter bezeichnet, unterläuft ja gewissermaßen die allerhöchsten Gemeinschaftsideale des Zeitalters und setzt dem heroischen Superlativ einen zynischen Pejorativ entgegen. Überall, wo das parteiamtliche Liedgut auf Treu und Glauben setzt, wo gestürmt, marschiert, in die Zukunft gebaut, auf die Fahne geschworen, der Tod verachtet und ein markig-mitreißendes «Wir, Kameraden, wir!» intoniert wird, schleicht, schlurft und kriecht in Hunderten von Parapoemen nur noch ein Krähwinkler Landsturm durchs Gelände, besingt ein demoralisiertes Häufchen statt der Fahne seine durchgetretenen Füße. Diese Lieder können richtig nur im Zusammenhang mit Versen wie «Nichts kann uns rauben / Liebe und Glauben» gesehen werden. Sie gehören als umstandsbedingte Kontrafakturen in die direkte Nähe zu Wolf Willrichs rosigen Heldenölen und Thoraks allegorischem Dampfgebäck; denn wenn sie eines sind, dann realistische Gegenbilder, naturgetreue Identitätsausweise der, mit Himmler zu sprechen, «die tragende Idee unterhöhlenden Unterwelt».

30 Noch nie ein Volk zu Rettern sich erkor
    Den Wurm den Spiegelberg und den Franz Moor

31 Es stinkt es stinkt im Dritten Reich
    Von Hitlers brauner Blase
    Der steigt so in die Nase

Das Exempel des nazistischen Deutschland gilt allgemein als abschreckendes Beispiel für die vollkommene Politisierbarkeit eines Volkes, einer Nation. Wie tief und wie weit die ideologische Durchdringung des Volkskörpers tatsächlich ging, werden wir heute kaum noch bündig erweisen können, denn für Volksbefragungen ist es ein bißchen spät, und rückschauend kann auch statistische Meinungserhebung nicht mehr als Dunkelziffern ans Licht ziehen. Bleibt uns ein Berg an Dokumentation, der allerdings ist eindeutig und sagt: «Keine Staatstheorie in unserer Geschichte – den Faschismus einbegriffen – kann zu den zwölf Jahren analog behandelt werden. Es war die psychopathischste Form einer staatlichen Zentralisation... Ob Presse oder Funk, Plakat, Flugblatt oder Rede, ob Fackelzug oder Parteitag – die gleichen Prinzipien politischer Werbung lagen allem zugrunde, und überall handelte es sich um dieselbe Regie des öffentlichen Lebens.» (Joseph Wulf: «Presse und Funk im Dritten Reich», eine Dokumentation, Reinbek 1966)

Eigenartig zu solch krassem Bilde, das zweifellos kraß und wahr in einem ist, kontrastiert die seltsam widerspenstige Natur der Umgangspoesie, die in nichts bestätigen will, was sich als ideologischer Dressurakt ungeahnten Ausmaßes in unserem erschreckten Bewußtsein malt. Nichts hier von irgendwelchen Anzeichen blinder Verführbarkeit, dafür aber listig vorgebrachte Kritik und wohldosiertes Aufmuckertum. Nichts hier von dem mit allen propagandistischen Mitteln geschürten Haß auf den politischen Gegner, eher schon heimliches Sympathisieren mit dem Feinde und Neigung zur Fraternisation. Mochten die Nazis einen erheblichen Teil der (von ihnen verachteten) Intelligenz für ihre Zwecke gewinnen können und eine breite Schicht amorphen Kleinbürgertums ohnehin, verwunderlich bleibt, daß vom viel beschworenen Volksgeist gerade der ausdrucksfähige Kern sich demonstrativ intakt erwies und das einzige volkseigene Kommunikationsmittel und Darstellungsmedium sich gegen die Infiltration von oben her verschloß. Selbst noch der Kindervers in seiner sprichwörtlichen Naivität und Formbarkeit bezeugte eine Resistanz gegen Beeinflussung, die uns bedenkenswert erscheint.

Freilich gilt es hier, einige beliebte und weit verbreitete Irrtümer zu korrigieren. Auf keinen Fall blieb der Kindervers vom bösen Spiel der politischen Kräfte so unberührt und unbeeindruckt wie ein auf heile Welten reflektierender Kopf sich die Natur in Kriegs- und Krisenzeiten gern erträumt. Er nahm durchaus Notiz von allem, was sich am Himmel oder auf der Erde neu und verdächtig bewegte, horchte sich um, prägte sich frische Namen und rezente Ereignisse ein, beobachtete die Veränderungen auf der politischen Bühne, wenn auch aus der angemessenen Froschperspektive, und ließ sich im übrigen für patriotisches Spruchwerk nicht her.

32 Hermann Göring
    Dicker fetter Hering
    Hat ne Laus
    Du bist raus

33 Siegfried war ein stolzer Ritter
    Hat im Arsch nen Bombensplitter
    Zieht ihn wieder naus
    Und du bist raus

34 Lieber Tommy fliege weiter
    Denn hier wohnen nur Arbeiter
    Fliege weiter nach Berlin
    Denn die haben «ja» geschrien

35 Hannover wolln sie schonen
    Da wolln sie später wohnen
    Sie fliegen nach Berlin
    Mit Bomben und Benzin

36a Generalfeldmarschall Keitel
    Gibt an mit seinem Scheitel

36b Generalfeldmarschall Dietl
    Gibt an mit seinem Piedl

36c Generalfeldmarschall Manstein
     Pißt in den Handstein

37   Seyß-in-Quart
     Sei's in Quint
     Beschissen sind wir
     Von vorn bis hint

Den Einwand, daß zitierte Strophen vermutlich nicht der Regel entsprachen, sondern Ausnahmeerscheinungen waren im Reiche kindlicher Versüberlieferung, möchten wir gern selbst vorbringen. Gleichzeitig aber den Anlaß wahrnehmen, zu bemerken, daß Reime entgegengesetzter Tendenz wahrscheinlich noch viel seltener waren. Die gelegentlichen Einsprengsel von Feindesverspottung und Fremdenschelte zeigen im Gesamtzusammenhang der Gattung sogar ein derart harmloses, politisch harmloses Aussehen, daß man auf alles andere eher schließen möchte als auf bemerkenswerte Propagandaeinflüsse. Die zeitbedingte Umfunktionierung alteingeführter Verstypen – wie denn durchaus schon einmal ein bekannter Großvaterreim mit neuer Besetzung spielen konnte – läßt eine Politisierung im seinerzeit erwünschten Sinne gewiß nicht erkennen. Wenn an anderer Stelle das gegnerische Staatsoberhaupt unter dem gleichen Despektations-Symbol anzutreten hat wie die leibeigne Großmutter, verflüchtigt sich der Gedanke an eine moralische Aufrüstung vollends zu nichts. Fazit: Der Kinderreim der Nazijahre war ganz gewiß keine kleine Napola, eher das Gegenteil, und was ins Auge fällt, ist, daß man mit dezidierten Respektspersonen oft weniger glimpflich umging als mit den vorgeschriebenen Spottfiguren.

38a Leise rieselt der Schnee
     Chamberlain sitzt auf'm Abbee
     Churchill klopft an die Tür
     Macht nichts er hat kein Papier

Ältere Fassung:

38b Leise rieselt der Schnee
     Großvater hockt uffm Abbee
     Horch nur wie lieblich es schallt
     Wenn unser Großvater knallt

39a Anfang Anfang
     Ende Ende
     Überm Kuhstall stehn Verbände

Überm Schweinestall schießt Flak
Und du bist ab

39b Anfang Anfang Ende Ende
Über Holland Kampfverbände
Über Holland fliegen Jäger
Morgen kommt der Schornsteinfeger

39c Achtung Achtung Ende Ende
Über Holland stehn Verbände
Über Steiermark schmeißen sie mit Quark
Überm Kuhstall fliegen Neger
Und beschmeißen unsere Schornsteinfeger

39d Anfang Anfang Ende Ende
Überm Kuhstall sind Verbände
Oma rennt in' Kuhstall rein
Opa noch viel schneller
Und die Tante hinterdrein
Mit dem Suppenteller

40a 1 2 3 4 5 6 7 –
Da kommt Churchill angetrieben
Mit dem Nachttopf unterm Arm
Achtung Achtung Gasalarm
Und der Papa rast in' Keller
Und die Mama noch viel schneller
Und die Oma mit Bedacht
Hat den Pißpott mitgebracht

Jüngste Fassungen des Alarm-Verses:

40b Auf der schwäbschen Eisebahne
Kommt der Chruschtschow angefahre
Mit zwei Bomben unterm Arm
Das bedeutet Kriegsalarm
Alle rennen in den Keller
Adenauer noch viel schneller
Und der kleine Willy Brandt
Kommt durch ganz Berlin gerannt

40c Auf der schwäbschen Eisebahne
Kommt der Chruschtschow angefahre
Mit zwei Bomben unterm Arm

>   Achtung Achtung Kriegsalarm
>   Ehrhardtlein läuft immer schneller
>   Rast mit achtzig durch den Keller
>   Und der dicke Josef Strauß
>   Rutscht auf ner Banane aus

In seinem Buch «Kinderlied und Kinderspiel» schreibt der gewiß nicht ganz ohne Verdienste gebliebene Volkstumskundler Karl Wehrhan: «Auch die Schicksale und Taten des deutschen Volkes finden sich in unseren Kinderreimen genugsam verewigt.» Daß solche Meinung sich mit unseren Beobachtungen nur wenig decken will, erhellt aus dem vorgeführten Materiale von selbst. Im Skrupel, was wir mehr bezweifeln sollen, die Zurechnungsfähigkeit des Fachgelehrten oder die Vertrauenswürdigkeit unserer Findelkinder, möchten wir dann aber doch lieber den Weg eines schon vorgebildeten Mißtrauens gehen, argwöhnend, daß der Blick einer ganz besonderen wissenschaftlichen Disziplin wieder einmal nur Disziplin von ihrer eignen zu entdecken wußte: Staatsdisziplin. Treudumm und wie ein wohlabgerichtetes Hündchen blickt uns die kupierte Schöpfung an aus den Augen ihrer Aufsichtsperson. Immer bereit, die Höhe ihres Dressurniveaus unter Beweis zu stellen, bedeutet sie uns, sie könne Männchen machen, Pfötchen geben und Feindchen verbellen. Wer dem vermeintlichen Hündchen aber nur einmal auf seinen eigenen Spuren folgen und seine Lebensweise im Freien studieren sollte, er würde vermutlich bald entdecken: das Hündchen ist überhaupt keines, sein Wesen viel eher füchsisch, seine Natur nicht ans Haus gebunden, seine Bedürfnisse nicht an die Kette zu legen, seine Wege eigene, seine Feinde selbstgewählte. Daß es zum Beispiel im Deutschland der Nazizeit eine wirkliche Umgangspoesie mit antisemitischem Inhalt gar nicht gab, scheint mir zumal in dieser Hinsicht recht aufschlußreich. Der antisemitische Volksvers war das Produkt von Zeiten, wo der wirtschaftliche und soziale Erfolg tüchtiger jüdischer Geschäftsleute noch ins Auge stechen konnte. Spottreime wie die vom Juden Itzig mit der Nase spitzig oder vom Juden Schmul in der Judenschul waren aus ganz anderen Verhältnissen hervorgegangen als Hitler sie mit seinen Ausrottungsideen heraufbeschwor. Als aber dann der Rassenhaß von oben verfügt, das Ausmaß der Verfolgung sichtbar wurde, verschwand der alte traditionelle Judenvers fast völlig von der Bildfläche, und was blieb, waren einzig die zwei drei bestialischen Hetzlieder, die von der Organisation verbreitet und getragen wurden («Krumme Juden ziehn dahin daher / Sie ziehn durchs Rote Meer / Die Wellen schlagen zu / die Welt hat Ruh»).

Befohlener Rassenhaß und das Bedürfnis, sich etwas von der Seele zu singen, wollten sich offenbar nur schlecht zum Volksreim fügen. Tau-

sendmal und mehr – und damit kehren wir nun noch einmal in die
Welt der Bombennächte, Lebensmittelrationierungen, Sondermeldungen und Vermißtenanzeigen zurück – tausend und einmal reimte sich
dem armen Frontschwein in Weliki Jeluki, der trüben Luftschutzkellerexistenz in Hamburg-Hamm die große Geste des Nazismus auf den eigenen Zynismus. Unter dem Druck eines totalen und schließlich alle Lebensäußerungen überschattenden Krieges, bildeten sich ähnliche Desillusions- und Anschwärzlieder wie bei der Truppe nun auch an der sogenannten Heimatfront aus. Auch hier treffen wir auf einen uns inzwischen wohlbekannt gewordenen Galgenhumor, der nichts zu tun hat
mit einer gütlichen Verklärung der bösen Verhältnisse. Auch hier machten Überwachung und Denunziation dem Volksgeist immer wieder Beine, das heißt, sie hielten ihn gefährlich in Bewegung. Als «innerer
Feind» von Staats wegen gebrandmarkt, als schwarzer Mann an die
Wand gemalt und als rote Gefahr bis ins letzte Kellerloch verfolgt,
mußte er seine Anmerkungen zur Lage gewissermaßen laufend verbreiten und nur manchmal – halb Menetekel Upharsin, halb Latrinenparole – verewigte er sich auch schriftlich in Telefonzellen, Luftschutzkellern und Bedürfnisanstalten.

41   Nichts ist ewig
      Nichts ist groß
      Auch das Braune
      Wird man los

42   Es braust ein Ruf wie Donnerhall
      In Deutschland sind die Zwiebeln all
      Der Göring sprach vor kurzem
      Man kann auch ohne Zwiebeln furzen

43   Siehst du an der Ecke die Karre stehn
      Ein Zeichen des heiligen Sammelns
      Er muß von Türe zu Türe gehn
      Damit keine Schale vergammelt
      Er darf nicht verzagen
      Er muß immer fragen
      Er muß seine Karre voll Kartoffelschale haben
      Kampf dem Verderb
      Kampf dem Verderb

44   Schweinefleisch ist teuer
      Ochsenfleisch ist knapp
      Gehn wir mal zu Meier
      Ob er Knochen hat

       Und alle Leute solln es sehn
       Wenn wir bei Meier Schlange stehn
       Wie einst Lili Marleen

45   Es geht alles vorüber
      Es geht alles vorbei
      Im Monat Dezember
      Gibts wieder ein Ei

46a In der Nacht in der Nacht
      Wenn die Fliegerbombe kracht
      Heil Luftschutz
      Mit nem halben Eimer Sand
      Retten sie das Vaterland
      Heil Luftschutz
      Wenn es wirklich mal wo brennt
      Ist der erste der dann rennt
      Der Luftschutz

46b Wer hat Angst in der Nacht
      Wenn die Fliegerbombe kracht
      Der Luftschutz
      Wer rettet das Land
      Mit einem Kübel Sand
      Der Luftschutz

47   Ich geh kapiddewiddewitt
      Du gehst kapiddewidderwitt
      Er geht kapiddewiddewitt
      Wir gehn kaputt
      Von hinten durch die Brust geschossen
      Schschschscht – bumm
      Und wie macht der liebe gute Luftschutz
      Hihihihihihi

Versuchen wir zu subsumieren, dann stellen wir fest: Das Volkslied, das, wie Hans Magnus Enzensberger meint, von der HJ zu Tode geschrien wurde, war ernsthaft gar nicht tot zu kriegen, man darf es nur eben nicht am falschen Ort vermuten und nicht den alten ungetrübten Glanz von ihm verlangen. Seine Aufgaben im Krieg und unter arg pressierten Unmutsträgern waren andere als in Schönheit Haltung zu bewahren. Das Ansehen der gemeinen Sorgen, deren Darstellung es diente, übertrug sich notwendig auch auf seine eigene Gestalt. Zwangsläufig mußten die Musen gelegentlich mit den Sirenen heulen, was sicher den reinen Gesang verdarb, dafür aber die Vermittlung lebensnotwendiger Nachrichten und weiter wirkender Subversionssignale ermöglichte.

Von der Ohnmacht des Gesanges und von der Schwierigkeit im Widerstand zu überleben, zeugte die tief am Boden oder gar unterirdisch sich fortrankende Versart allemal. Die Ablösung des grau-in-grauen Humors durch schmissigere Weisen erfolgte erst, als die Kriegslage hoffnungslos geworden, das heißt der erwünschte Friedeumjedenpreis in Aussicht gekommen war. Daß die Zukunftsmusik sich dabei häufig als Bekenntnis zum Jazz anließ, spricht nur noch einmal für das listig treffsichere Anpassungsvermögen der niedergeborenen Gattung. Jazz oder was man unter beengten Umständen dafür hielt, war ja schon seit langem eine halb heimliche Erkennungsmarke des schwelenden Nonkonformismus gewesen. In Jazz und Jazzverwandtem hatte sich manche Widerspenstigkeit ausdrücken können, die ohne ihn vielleicht mundtot geblieben wäre oder doch den Staatskantaten und gelenkten Fanfarenzügen nichts entgegenzusetzen gehabt hätte. Nun, wo der Bestand des nationalsozialistischen Zwangsgebildes durch triftige außen-, macht- und militärpolitische Gründe in Frage gestellt worden war, wurde Jazz endgültig zu einer verbindlichen Chiffre der Freiheit, zu einem Symbol berechtigter Hoffnungen, offener Rebellion und eines nicht mehr nur schleichenden Widerstandes.

48   Es hat keinen Zweck
     HJ muß weg
     Der Hot muß her
     Das peitscht viel mehr
     oho

49   Heut ist Negerjazz
     Auf dem Adolf-Hitler-Platz
     Hört ihr nicht das Saxophon
     hepp hepp dudeldudel Invasion

50   Ein Schnellboot fährt um Mitternacht
     Auf Überraschung wohl bedacht
     An Bord ertönt ein Grammophon
     zup zup de dudedup die Invasion

     Lastensegler Fallschirmspringer
     Und noch manche nette Dinger
     Bombenteppich monoton
     zup zup de dudedup die Invasion

X Zum Geleit

1. Selbstverständlich wäre eine Unternehmung wie die vorliegende nicht denkbar gewesen ohne die aufmunternde Anteilnahme vieler Freunde, alter sowohl wie neuer, das heißt über den Gegenstand der Untersuchung selbst hinzugewonnener. Für Zuspruch, Hinweise und Beiträge habe ich insonderheit zu danken: Reinhard Becker, Annelotte Becker-Berke, Peter Bichsel, Elke Bolsen, Hertha Borchert, Margaret Brandt, Hans Christoph Buch, Werner und Michael Busse, Peter O. Chotjewitz, Lars Clausen, Sven Dahl, Thomas Darboven, Mathias Driesch, Hubert Elsässer, Jan Enns, Ernst und Marianne Epple, Anton Fertl, Hubert Fichte, Richard Flesch, Dieter Frisch, Edith Fröhlich, Hans Jürgen Fröhlich, Günter Grass, Wilhelm Grasshoff, Dorothee Grisebach, Georg Großkreuz, Udo Gümpel, Walter Hasenclever, Michael Hauptmann, Herbert Heckmann, Klaus Hennings, Helmuth Herbst, Renate Herms, Günter Herrmann, Max und Emma Hofmann, Ingrid Holzapfel, Walter Höllerer, Signe Jahnn, Kurt Kaiser, Erwin Kania, Peter Kipp, Eckart Kleßmann, Volker Klotz, Barbara Kusenberg, Heinrich Maria Ledig-Rowohlt, Siegfried und Lotte Lenz, Werner Lercher, Reinhard Lettau, Hans Gerhard Lichthorn, Wolfgang Maier, Ursula Maletzke, Irmgard Manthey, Lore Mau, Volker Meier, Otto und Antje Meierdiercks, Ulrike Marie Meinhoff, Roland Meister, Martin Menzel, Anneliese Müller, Gunhild Müller, Eugen Oker, Manfred Pasieka, Hans Henning Peine, Renate Petzold, Alf Poss, Karsten Reichenberg, Marcel Reich-Ranicki, Theophila Ranicka, Matthes Rehder, Bernt Richter, Carola Rittweger, Klaus Röhl, Klaus Röhler, Joachim Rohnstein, Karin Röhrbein, Christa Rotzoll, Eva Rühmkorf, Bernhard Rund, Klaus Sarcander, Marie Louise Scherer, Gerhard Schlenzig, Gerhard Schmidt-Henkel, Jeanne Schnehage, Ulrike Schramm, Hans Schwab-Felisch, Otto Stelzer, Klaus Stiller, Regine Stützner, Rosemarie Titze, Yngve Trede, Ulrike und Harry Treumann, Wolfram Vietze, Helga Voß, Eva Wagner, Manfred Waller, Jochen Walter, Hans Heinrich Wellmann, Jan Wirrer, Ilse und Janne Witting, Hans Christoph Worbs, Gabriele Zarbock, Uwe Peer Zimmermann, Barbara Zschiesche.

2. Dem Bedürfnis, den Stiftern meinen ergebensten Dank zu sagen, gesellt sich allerdings die Sorge, es möchte der eine oder andere Beiträger mit der hier abgedruckten Fassung *seines* Verses, *seiner* persönlichen Fundsache, nicht so ganz einverstanden sein, weil liebgewonnene Bekannte ihm nicht in der Fasson entgegentreten, in der er sie uns angezeigt. Die so außerordentlich flüssige und wechselhafte Natur des Mediums, auf das wir uns nun einmal eingelassen, hat aber erforderlich

gemacht, unter den zahlreichen Spielformen und Legierungen, in denen ein Vers uns erreichte, jeweils diejenige zu bevorzugen, die uns am deutlichsten als allgemein verbreitet ausgewiesen schien. Lokale Varietäten von schöner, spitziger Besonderheit hatten gelegentlich zurückzutreten vor dem möglicherweise etwas blasser anmutenden Generalverschnitt. Außerdem hat der Redaktor sich in einigen vier, fünf Fällen gestattet, aus mehreren verstümmelt überlieferten Versionen eine Art von Ganzheit zu rekonstruieren, wiewohl er sich selbst über die Problematik solcher Erstellungstechniken im klaren ist.

3. Da der Versuch, eine bisher für recht amorph gehaltene Materie sinnvoll zu gliedern, immer zunächst von auffälligen Häufigkeiten bestimmt wurde und nicht sosehr vom individuellen Zuschnitt schöner Einzelheiten, mußte notwendig mancher Solitär unter den Tisch fallen, ansehnlicher als vieles hier Beigebrachte. Der offensichtliche Verlust läßt sich aber vielleicht doch verschmerzen, wenn man ihm den Gewinn an Ordnung und Übersicht entgegenhält. Daß die wenigen ernst zu nehmenden Ausnahmen freilich in keinem Fall an der statistischen Wahrheit unserer kleinen Typenkunde rütteln, bitte ich so lange auf Treu und Glauben nehmen zu wollen, bis eine weiter geschrittene Analyse mit feineren Rubriken und neuen Unterabteilungen auch der Singularität den geeigneten Rahmen zumißt.

4. Schwankend und undeutlich wie die gemeinen Vorstellungen von einer Poesie des Untergrundes überhaupt, scheinen auch die Begriffe, mit denen die Liebhaber der Gattung sich ihrer zu vergewissern suchen, und es ist gewiß kein Zufall, daß dem Anthologisten schon im vorhinein untergestellt wurde, er sammle, wo nicht Zeugnisse einer reinen und unverderbten Natur, so doch das Gegenteil: Toilettenverse. In der berechtigten Furcht, es möchte also auch das abgeschlossene Gesamt nur wiederum durch die rosenrote oder aber die Klosettbrille anvisiert werden, hat er sich endlich entschlossen, die Lokuspoesie in seinen Zusammenhängen nicht zu erörtern oder doch den Lokaltermin auf einen späteren Zeitpunkt zu verschieben. Nur so viel sei an dieser Stelle schon verraten, daß der spezifische Abortvers den bösen Ruf, der ihm anhängt, gar nicht einzulösen gewillt scheint. Abstrahiert man einmal von dem nie geprüften Vorurteil, das in ihm nichts Besseres als den Ausdruck elender Schmierfinkerei erkennen möchte, dann überrascht gerade hier, an anrüchigstem Ort, der moralisierende Hintergrund der vorschnell diskreditierten Erscheinung. Während Volkspoesie kaum irgendwo die Absicht erkennen läßt, einem Gesprächspartner mit bürgerlichen Anstandsregeln zu kommen oder ihm die Pünktlichkeitsnormen einer rationalisierten Arbeitswelt nahezutragen, sehen wir diesen Sonderzweig der Subpoesie mit, eigentlich möchte man sagen bewundernswerter Un-

ermüdlichkeit, Reinlichkeitspropaganda betreiben und Präzisionsleistungen belobigen. Gleich ob er seinen Leser und Abnehmer zu kurzem Verweilen ermahnt, den Müßigen zu prompter Erledigung drängt, den Lässigen zu Sauberkeit und Ordnung anhält und den Zerstreuten zur Straffung seiner Anliegen, immer sehen wir ihn im Dienste eines sozialen Sanitärverhaltens, und die Narrenhand, die da angeblich Tisch und Wände beschmiert, unterstreicht am Ende doch nur den kategorischen Imperativ eines allgemeinen Hygienegesetzes.

> Verehrte Herren und Damen
> Scheißt nicht auf den Rahmen
> Sondern in die Mitte
> So ist's bei uns Sitte

5. Eine sehr interessante weil wirklich rezente Spezies der Umgangspoesie wurde im Rahmen dieser Untersuchung nur deshalb nicht erörtert, weil sie der Aufmerksamkeit des Sammelunternehmers zunächst entgangen war: die Anti-Reklame. Als Desillusionspoesie, die ihre Anregungen und Gegenstände im Strahlungsbereich der modernen Bewußtseinsindustrien findet, gehört sie in die direkte Nähe und zur nächsten Verwandtschaft des Anti-Schlagers. Auch hier stellt sich einem von oben her manipulierten Öffentlichkeitsbild ein anderes inoffizielles entgegen, das deutlich die Grenzen der Vereinnahmung zeigt. Auch hier eröffnet sich uns eine Zone des Guerillakrieges, wo handgemachte Molotowcocktails eine echte Chance gegenüber den aus allen Röhren knallenden Propagandafabriken haben. Auch hier verbreiten sich destruktive Gegenparolen gelegentlich mit einer Geschwindigkeit und in einer Breite, die die auf allen Reproduktionsklavieren geübten Bewußtseinsbildner beschämen könnte. Ohne schon behaupten zu wollen, daß Werbung und Reklame von ihrem illegitimen Anhang außer Kurs gesetzt würden (obwohl der recht gespitzte Pfeil hier tödlich wirken kann), können wir dennoch befriedigt konstatieren, daß weder die lieben Kleinen so unbedingt auf die Margarinemusik, die Waschmittelkantate, die Hundefuttermelodie zu dressieren sind, wie dem Kulturpessimismus schwant, noch auch der ausgewachsene Empfänger die Wert-, Heils-, Status-, Sicherheits- und Prestigeversprechungen immer in dem Sinne reflektiert, den die Verbrauchs- und Einkaufsforschung vorgesehen hat.

1a Hast du Minimax im Haus
    Geht das Feuer selten aus

1b Minimax ist großer Mist
    Wenn man nicht zu Hause ist

2a Der Mann ist tot die Witwe kichert
    Hoffentlich Allianz versichert

2b Das Licht geht aus das Mädchen kichert
    Hoffentlich Allianz versichert

3   Kannst du nur einmal wöchentlich
    Und möchtest gerne täglich
    Dann geh doch mal zu Neckermann
    Denn Neckermann macht's möglich

4a Wenns vorne zwackt und hinten beißt
    Nimm Klosterfrau Melissengeist

4b Wenn Opa in die Kissen beißt
    Nimm Klosterfrau Melissengeist

5   Nimm Pebeco für die Zähne
    Kaloderma für die Haut
    Kukirol nimm für die Beene
    Und Fromms Akt nimm für die Braut

6   Mädchen die die Wimpern pinseln
    Mädchen die beim Pimpern winseln
    Tragen bis hinauf zur Scheide
    Strümpfe rein aus Bemberg Seide

7   Sind's die Augen geh zu Mampe
    Gieß dir einen auf die Lampe
    Kannst du alles doppelt sehn
    Brauchst nicht mehr zu Ruhnke gehn

8   Paul pimpert Paula
    Plötzlich platzt Präser peng
    Darauf einen Dujardin

9   Kaaba der Plantagentrank
    Macht gesunde Männer krank

10 Nichts ist gemeiner
    Als reiner Kathreiner

11 Trinkst du recht viel Coca-Cola
    Kannst du vögeln ohne Ola

Inhalt

I	Wurmstich und Wahrheit	5
	A. Über Oldtimer	5
	B. Über Volkskunst und künstliche Atmung	15
II	Knalleffekte	24
III	Licht aus, Licht aus	36
IV	Respektspersonen	48
V	Kinder unter sich	58
VI	Ich will dir was erzählen	78
VII	Ich hab mich ergeben	103
VIII	Der Schlager und was dagegen spricht	118
IX	Hörst du mein heimliches Fluchen	155
X	Zum Geleit	183

PETER RÜHMKORF

Irdisches Vergnügen in g
50 Gedichte · 3. Tausend · 68 Seiten · Kartoniert
Norddeutscher Rundfunk: «Dieser junge Hamburger hat eine blendende, eine aggressive Intelligenz zur Verfügung, deren er sich zu bedienen versteht. Und er bleibt dabei doch eine vollkommen poetische Natur. Wir haben hier das seltene Ereignis, daß ein Gedichtband, dank der ihm innewohnenden Kraft und Kühnheit, die Grenzen des Poetischen hinter sich läßt.»

Kunststücke
Fünfzig Gedichte nebst einer Anleitung zum Widerspruch
Rowohlt Paperback Band 15 · 10. Tausend · 140 Seiten
Hans Magnus Enzensberger / Der Spiegel: «Hier sind fünfzig Gedichte und keines davon ist langweilig. Statt verlegener Hochachtung stellt sich die ungewohnte Erkenntnis ein: daß man sich mit Versen unterhalten kann. Haarscharf mit seiner Praxis überein stimmt Rühmkorfs Theorie. Die Anleitung zum Widerspruch im Anhang ist ein fundamentaler Essay, den sich jedermann zu Verstande nehmen sollte, der überhaupt noch geneigt ist, von den Sorgen der Literatur Notiz zu nehmen.»

Über das Volksvermögen
Exkurse in den literarischen Untergrund
Buchausgabe: 10. Tausend · 292 Seiten · Leinen
Taschenbuchausgabe: 35. Tausend · rororo Band 1180
Frankfurter Allgemeine: «Vorsicht! Vor diesem Buch wird gewarnt. Rühmkorf hat mit der Literatur im Souterrain eine erstaunliche Entdeckung gemacht!»

Was heißt hier Volsinii?
Bewegte Szenen aus dem klassischen Wirtschaftsleben
3. Tausend · 144 Seiten · Kartoniert
Peter Rühmkorfs erster dramatischer Versuch ist eine tragische Farce, die bestimmte Grundstrukturen und gesellschaftliche Verhaltensweisen analysiert, beispielhaft für vergangene Zeiten wie für unsere. Ein Musterbeispiel dialektischen Theaters.

Wolfgang Borchert
dargestellt in Selbstzeugnissen und 70 Bilddokumenten
73. Tausend · rowohlts monographien Band 58
Christ und Welt: «In wohlgebauten, von stilistischer Ironie durchwehten Perioden entwirft Rühmkorf die Monographie eines außergewöhnlichen Prosaisten. Eine spielend gehandhabte Rhetorik verschafft ihm die Sicherheit in der Auseinandersetzung mit anderen Borchert-Bildern.»

ROWOHLT